Kohlhammer

Brennpunkt Politik

Herausgegeben von Gisela Riescher, Hans-Georg Wehling, Martin Große Hüttmann und Reinhold Weber

Die Herausgeber:
Professorin Dr. Gisela Riescher lehrt Politische Ideengeschichte an der Universität Freiburg, Professor Dr. Hans-Georg Wehling lehrt Politische Wissenschaft an der Universität Tübingen, Dr. Martin Große Hüttmann lehrt als Akademischer Oberrat Europapolitik am Institut für Politikwissenschaft der Universität Tübingen und Prof. Dr. Reinhold Weber ist Publikationsreferent bei der Landeszentrale Baden-Württemberg und Honorarprofessor am Seminar für Zeitgeschichte der Universität Tübingen.

Marcus Höreth

Verfassungsgerichtsbarkeit in der Bundesrepublik Deutschland

Verlag W. Kohlhammer

1. Auflage 2014

Alle Rechte vorbehalten
© W. Kohlhammer GmbH, Stuttgart
Gesamtherstellung: W. Kohlhammer GmbH, Stuttgart
Umschlagbild Wikipedia/Klaaschwotzer

Print:
ISBN 978-3-17-021895-6

E-Book-Formate:
pdf: ISBN 978-3-17-025529-6
epub: ISBN 978-3-17-025530-2
mobi: ISBN 978-3-17-025531-9

Für den Inhalt abgedruckter oder verlinkter Websites ist ausschließlich der jeweilige Betreiber verantwortlich. Die W. Kohlhammer GmbH hat keinen Einfluss auf die verknüpften Seiten und übernimmt hierfür keinerlei Haftung.

Inhalt

1 Einleitung: Verfassungsgerichtsbarkeit in Deutschland | 7

2 Geschichte der Verfassungsgerichtsbarkeit | 13
2.1 Politische Ideengeschichte und Praxis vor 1949 | 13
2.2 Die Beratungen zum BVerfG im Parlamentarischen Rat | 24
2.3 Bewährungsproben und Wegmarken | 29

3 Organisation der Verfassungsgerichtsbarkeit | 45
3.1 „Isolierte" Verfassungsgerichtsbarkeit | 45
3.2 Das BVerfG als Gericht und Verfassungsorgan | 50
3.3 Die Bestellung des Richterkollegiums | 54

4 Funktionen der Verfassungsgerichtsbarkeit | 63
4.1 Das BVerfG als Streitschlichter | 63
4.2 Das BVerfG als Vetospieler | 77
4.3 Zur Funktion der Sondervoten | 79

5 Probleme der Verfassungsgerichtsbarkeit | 89
5.1 Demokratie unter gerichtlicher Vormundschaft? | 89
5.2 Partner oder Rivalen? BVerfG und EuGH | 101
5.3 Zur Legitimität der Verfassungsgerichtsbarkeit | 109

6 Zusammenfassung | 116

Literaturhinweise | 120

1 Einleitung: Verfassungsgerichtsbarkeit in Deutschland

Schon 1968 wurde weltweit ein „Siegeszug der Verfassungsgerichtsbarkeit" (Steffani 1968: 4) konstatiert, der bis zur Gegenwart anhält. Es gehört zu den faszinierendsten Merkmalen der meisten demokratischen Regierungssysteme, dass sich in ihnen die Institution der Verfassungsgerichtsbarkeit durchgesetzt hat — entweder in Form speziell eingerichteter Verfassungsgerichtshöfe oder aber durch das jedem Richter prinzipiell zugesprochene Mandat, Akte der Legislative und Exekutive auf ihre Recht- und Verfassungsmäßigkeit hin zu überprüfen. Die Akzeptanz dieser Idee stellt zum einen eine wesentliche historische Voraussetzung für die Durchsetzung einer machtvollen Verfassungsgerichtsbarkeit in modernen Demokratien dar. Die normative Kraft dieser Idee erschwert zum anderen aber auch in der Gegenwart politisch motivierte Versuche, das richterliche Prüfungsrecht eines Gerichts wieder einzuschränken, nachdem es ein solches Mandat erst einmal erhalten und ausgeübt hat. Derartige Angriffe auf die Unabhängigkeit der Justiz sind für politische Akteure — zumindest für westliche Demokratien lässt sich dies konstatieren — offensichtlich mit zu hohen Kosten und Risiken verbunden, da die das Gericht in seiner Tätigkeit legitimierende Idee des richterlichen Prüfungsrechts nicht mit guten und normativ überzeugenden Argumenten wieder außer Kraft gesetzt werden kann.

Für die weltweite Expansion der Idee der Verfassungsgerichtsbarkeit wird häufig eine weitere klassische Begründung angeführt: Der Gerichtsbarkeit (Judikative) wird gemeinhin nachgesagt, sie sei die ungefährlichste Gewalt im Staat (Bickel 1962). Tatsächlich sind Gerichte nur selten verantwortlich für Kriege nach außen und Menschenrechtsverletzungen nach innen. Diesbezüglich sind es eher die beiden anderen staatlichen Gewalten, die Exekutive und die Legislative, von denen die meiste Gefahr ausgeht. Doch Gerichte sind nicht ohne Macht und Einfluss, wenn es darum geht, über das „gesellschaftlich Allgemeine" (Immanuel Kant) zu bestimmen. Das gilt vor allem für die Verfassungsgerichtsbarkeit in Deutschland. Die Macht des Bundesverfassungsgerichts (BVerfG) veranlasst manche

Beobachter gar dazu, von der „Karlsruher Republik" zu sprechen. Man mag dies für übertrieben halten – es macht jedoch zumindest deutlich, dass das Gericht in Karlsruhe eine wichtige politische Rolle spielt. Wird dies anerkannt, rückt das Verfassungsgericht in das Zentrum der Fragestellungen der Politikwissenschaft (von Beyme 2001).

Auch in diesem Buch, das sich als eine Einführung in die Thematik versteht, ist der analytische Blick auf die Verfassungsgerichtsbarkeit in Deutschland vor allem von einem politikwissenschaftlichen Interesse geleitet. Es sind aus dieser Perspektive vor allem vier Aspekte von Relevanz:

Erstens ist es aus politikwissenschaftlicher Sicht interessant zu erfahren, wann, warum und wie sich die Idee des richterlichen Prüfungsrechts in Deutschland historisch entwickelt und schließlich vollumfänglich durchgesetzt hat. Die Demokratie als Konzept der Herrschaftslegitimation setzt die Existenz eines Verfassungsgerichts als „Hüter der Verfassung" jedenfalls keineswegs zwingend voraus. Begibt man sich auf die Suche nach historischen Gründen und Begründungen der Verfassungsgerichtsbarkeit, muss, im Gegensatz zu manchen anderen Darstellungen zum Thema, die ideengeschichtliche Durchsetzung des richterlichen Prüfungsrechts und der Verfassungsgerichtsbarkeit in den USA untersucht werden, da die zentralen Begründungen, aber auch Problemstellungen zur Verfassungsgerichtsbarkeit dort ihren Ursprung haben. Welche Argumente lassen sich für die Idee des Vorrangs der Verfassung überhaupt vorbringen und warum sollte die Gerichtsbarkeit, ob die allgemeine oder eine speziell hierfür eingerichtete, damit betraut werden, diesen Verfassungsvorrang gegenüber den politischen Gewalten der Exekutive und Legislative zu schützen? Das Konzept der Verfassungsgerichtsbarkeit ist in den *Federalist Papers* von Alexander Hamilton mustergültig begründet worden, was den politischen und juristischen Eliten im damaligen Deutschland nicht entgangen sein dürfte. Dennoch hat sich die Idee der Verfassungsgerichtsbarkeit hierzulande erst sehr zögerlich, dann aber umso konsequenter durchgesetzt und ihren institutionellen Ausdruck in der Etablierung des vielleicht mächtigsten Verfassungsgerichts der Welt gefunden. Auf welche Erfahrungen konnten die (West-)Deutschen bei der Gründung der zweiten deutschen Demokratie zurückblicken, als sie sich für die Einrichtung eines Bundesverfassungsgerichts entschieden? Betrachtet man die institutionellen Vorläufer der Verfassungsgerichtsbarkeit in Deutschland, relativiert sich jedenfalls schnell die verbreitete These, mit dem BVerfG habe Deutschland nach Gründung der Bundesrepublik komplettes Neuland betreten. Wer schließlich erfahren und auch verstehen will, warum sich die Bundesrepublik Deutschland zu einem mustergültigen demokratischen Verfassungsstaat entwickelt hat, muss zumindest einige bahnbrechende Entscheidungen des Bundesverfassungsgerichts als Wegmarken der Verfassungsrechtsprechung kennen. Erst diese wichtigen Urteile lassen ersichtlich werden, wie das BVerfG zu jenem einflussreichen Akteur werden konnte, der die politische und soziokulturelle Entwicklung der Bundesrepublik maßgeblich mitbestimmt hat. Einen besonderen Stellenwert haben dabei drei Fälle, die auf sehr unterschiedliche Weise die Stellung und Autorität des BVerfG festigten und ausbauten: Die Statusfrage um das Gericht selbst, die Wiederbewaffnung Deutschlands und schließlich das Lüth-Urteil. Der Fall „Lüth" ist von diesen drei „Fällen" der einzige, an dessen Ende tatsächlich ein Urteil des BVerfG steht. Mit ihm hatte sich das BVerfG die Grundlage seiner gesamten späteren Rechtsprechung und damit auch für seine eigene mächtige Stellung im Regierungssystem geschaffen. Nach der dort entwickelten Doktrin lässt sich aus den Grundrechten eine objektive Wertordnung als verfassungsrechtliche Grundentscheidung für alle Bereiche des Rechts ableiten und zugleich der Status des BVerfG als „Instanz des letzten Wortes" (Kielmansegg 2005) hervorragend begründen.

Zweitens stellt sich vor dem Hintergrund des starken Einflusses, den die Verfassungsgerichtsbarkeit auf die deutsche Politik hat, die enger ansetzende und spezifischere Frage nach ihrer Organisation. Dabei interessiert vor allem die Organisation des Bundesverfassungsgerichts in Karlsruhe, dessen Einrichtung zuweilen als „Krönung des Rechtsstaats" (Säcker 2003: 19) bezeichnet wird: Warum hat man sich in Deutschland hinsichtlich der Organisation der Verfassungsgerichtsbarkeit ursprünglich für das „österreichische Modell" eines isolierten und konzentrierten, auf Verfassungsfragen spezialisierten Gerichtshofs entschieden – um dann doch erfahren zu müssen, wie sich das BVerfG im Zuge seiner Rechtsprechung in Richtung einer „Superrevisionsinstanz" bewegte, wie sie das US-amerikanische Modell der Bundeshöchstgerichtsbarkeit auszeichnet? Inwiefern ist in dieser Organisationsentscheidung für ein „isoliertes" Spezialgericht für Verfassungsfragen die entscheidende Weichenstellung für die spätere Machtentfaltung des BVerfG zu erblicken? Und warum ist das Gericht in Karlsruhe eine doppelte Organisation in zweifacher Hinsicht? Denn es ist nicht nur ein mit zwei gleich starken Senaten ausgestattetes Zwillingsgericht. Seine zweite Doppelnatur verdankt es der Tatsache, zugleich Gericht und Verfassungsorgan zu sein. Wie ist es zu erklären, dass es den anderen deutschen Verfassungsorganen, insbesondere dem Bundestag und der Bundesregierung, gleichberechtigt begegnet, aber diesen eben auch zuweilen machtvoll entgegentritt und sie in die verfassungsrechtlichen Schranken weist? Schon diese wenigen Anmerkungen und Fragen sollten deutlich machen, dass Organisationsfragen auch Machtfragen sind. Die Macht des Bundesverfassungsgerichts, man sollte sich nicht scheuen, diesen Begriff auch bei einem Gericht zu verwenden, zumal wenn es so viel Einfluss hat wie jenes in Karlsruhe (Kneip 2013), hing und hängt noch immer von seiner organisatorischen Ausrichtung und Grundausstattung ab. Diese wurden jedoch nicht alleine von den Müttern und Vätern des Grundgesetzes bestimmt, sondern in einem Akt der „Selbstautorisierung" (Höreth 2008a) vom Gericht selbst beansprucht und angenommen. Ganz offensichtlich wird der Zusammenhang von Organisations- und Machtfragen bei der demokratietheoretisch vielleicht wichtigsten Frage zur Organisation der Verfassungsgerichtsbarkeit: Wie werden die Richterinnen und Richter in Karlsruhe bestellt und welche Rolle spielen dabei die Institutionen und Akteure im parlamentarischen Regierungssystem der Bundesrepublik?

Drittens ist es auch aus politikwissenschaftlicher Sicht wichtig zu ergründen, welche Funktionen der Verfassungsgerichtsbarkeit in Deutschland zugedacht sind, ohne sich dabei alleine auf entsprechende juristische Lehrbücher zu verlassen. Zwar ist es zunächst durchaus angebracht, sich mit den im engeren Sinne juristischen Funktionen des Gerichts als Streitschlichter gründlich auseinanderzusetzen. Der Hinweis auf seine zentrale Funktion als „Hüter der Verfassung" bleibt zu wenig anschaulich, wenn man sich nicht mit den konkreten Aufgaben des Gerichts, insbesondere mit den verschiedenen Formen der Normenkontrolle, im Einzelnen beschäftigt. Doch sind darüber hinaus funktionale Aspekte von Interesse, die verfassungspolitisch von besonderer Bedeutung für die Gesamtentwicklung des demokratischen Verfassungsstaats sind und die erst in jüngerer Zeit auch von der Politikwissenschaft entdeckt worden sind. Hierzu zählt zum einen die umstrittene Eigenschaft des BVerfG als „Vetospieler" in einem durch allerlei Konsenszwänge zu charakterisierenden politischen System, die einem parlamentarischen Regierungssystem für gewöhnlich nicht anhaften; zum anderen sind „Sondervoten" des BVerfG, die es seit 1970 vor allem bei verfassungspolitisch bedeutsamen Fällen regelmäßig veröffentlicht, von großem Interesse. Welche besonderen Funktionen Sondervoten bei der Entwicklung des Verfassungsrechts, aber auch bei der einfachen Gesetzgebung zukommen können, wird erstaunlicherweise sowohl im rechts- als auch im politikwissenschaftlichen Schrifttum zum BVerfG zumeist nicht hinreichend gewürdigt. Um diese Lücke in der Literatur zu schließen, bietet sich die vergleichende Perspektive mit den USA an, in denen die *dissenting opinions* des *Supreme Court* von anerkannt großer juristischer wie politischer Bedeutung sind.

Viertens führt die Etablierung eines Verfassungsgerichts auch zu einigen politikwissenschaftlich interessanten Problemen, die letztlich vor allem aus dem Spannungsverhältnis zwischen Verfassung und Demokratie resultieren. Besondere Aufmerksamkeit erfährt in der verfassungspolitischen Debatte die weit verbreitete These von den Karlsruher Richterinnen und Richtern, die „Politik machen". Tatsächlich ist nicht von der Hand zu weisen, dass mit der Einsetzung des BVerfG in der Bundesrepublik eine „Juridifizierung der Politik" einherging, die umgekehrt ihre Entsprechung in der Kritik einer „Politisierung der Justiz" fand, weil sich das Gericht, mutmaßlich in politischer Absicht, als eine Art „Dritter Kammer", als „Ersatzgesetzgeber" oder gar „Übergesetzgeber" gebärde. Zusammenfassend läuft dies auf den Vorwurf hinaus, die Demokratie der Deutschen stehe insgesamt unter gerichtlicher Vormundschaft. Ein das BVerfG direkter berührendes Problem stellt inzwischen die Konkurrenz zu anderen internationalen und europäischen Gerichten dar. Vor allem mit dem Europäischen Gerichtshof (EuGH) muss sich das BVerfG sein früher unbestrittenes Monopol teilen, nationales Recht am Maßstab höheren Rechts überprüfen und gegebenenfalls verwerfen zu können. Diese Konkurrenz gewinnt ihre Sprengkraft vor allem daraus, dass auch das Gericht in Luxemburg für sich in Anspruch nimmt, eine Art Verfassung auszulegen – denn als eine solche betrachtet der EuGH die Europäischen Verträge, die Vorrang nicht nur gegenüber einfachem nationalen Recht genießen, sondern auch gegenüber nationalem Verfassungsrecht. Diese Entwicklung wird das BVerfG früher oder später dazu zwingen, seine eigene Rolle im Verfassungsverbund der EU neu zu überdenken. Alle diese mit der Verfassungsgerichtsbarkeit verbundenen Probleme, von denen nur einige wenige hier kursorisch aufgezählt wurden, legen es schließlich nahe, die Legitimität dieser Institution neu zu hinterfragen.

Das Buch ist entsprechend entlang dieser vier relevanten Problemstellungen aufgebaut. Die in ihm enthaltenen Ausführungen zu Geschichte (2. Kapitel), Organisation (3. Kapitel), Funktionen (4. Kapitel) und schließlich Problemen (5. Kapitel) der Verfassungsgerichtsbarkeit können eine gründliche wissenschaftliche Auseinandersetzung mit diesen zentralen Aspekten kaum ersetzen. Vielmehr wollen sie den interessierten Leser genau dazu ermutigen. Wenn dies gelingt, dann hat dieses kleine Buch[1] seinen Zweck mehr als erfüllt.

---

[1] Ich danke Dr. Dennis-Jonathan Mann und Dr. Klaus Kremb für die kritische Durchsicht des Manuskripts sowie Sebastian Cronauer für seine Recherchearbeiten (alle TU Kaiserslautern).

2 Geschichte der deutschen Verfassungsgerichtsbarkeit

2.1 Politische Ideengeschichte und Praxis vor 1949

Die politische Ideengeschichte des richterlichen Prüfungsrechts

Die Ideen vom Vorrang der Verfassung und vom richterlichen Prüfungsrecht haben sich erstmals in den USA voll durchgesetzt. Im Hinblick auf die Entwicklung des für die Verfassungsgerichtsbarkeit so bedeutenden richterlichen Prüfungsrechts hat interessanterweise aber England, das bis auf den heutigen Tag auf eine geschriebene Verfassung verzichtet, eine Vorreiterrolle gespielt. Der Gedanke, dass bestimmte bedeutsame und für alle verbindliche Gesetze und Regeln existieren, deren unbedingte Beachtung durch Gerichte kontrolliert werden kann, hat seine Wurzeln im Naturrecht. Insbesondere in England hat es sich am Anfang des 17. Jahrhunderts entwickelt (Stourzh 1989: 65).

Von besonderer Bedeutung war hierbei der Fall des Arztes Dr. Thomas Bonham von 1610. Bonham hat sich seinerzeit mit seiner Praxis in der Londoner City niedergelassen, obwohl er damit gegen vom König und Parlament bestätigte Bestimmungen der Londoner Ärztekammer verstieß. Er wurde daraufhin vom Gericht der Ärztekammer zu einer Geld- und Haftstrafe verurteilt. Nach den Bestimmungen der Ärztekammer stand die Hälfte der Geldstrafe dem Vorsitzenden des Gerichts zu – nur war der zugleich Präsident eben dieser Ärztekammer. Der Fall wurde später vor den Richter Sir Edward Coke gebracht, der zur damaligen Zeit als einer der bedeutendsten Richter Englands galt. Er urteilte, dass die gesetzlichen Regelungen, auf deren Grundlage Bonham verurteilt wurde, gegen *Common Right and Reason* verstießen, weil niemand Richter in eigener Sache sein dürfe. Sein Gericht sei daher befugt, jene Normen wegen Verstoßes gegen höherrangiges Recht nicht nur in diesem konkreten Fall nicht anzuwenden, sondern sie generell als nichtig zu verwerfen. Damit hat Coke nicht weniger getan, als die Suprematie des *Common Law* gegenüber dem

Gesetzesrecht des Parlaments zu behaupten. Die zwei wesentlichen Prinzipien der Verfassungsgerichtsbarkeit erfuhren hier ihren frühen Durchbruch: Zum einen der Vorrang des *Common Law*, was später in den USA in die Idee vom Vorrang der Verfassung umgemünzt wurde (Stern 1984: 16), zum anderen die Institution der richterlichen Normenkontrolle. Zwar entwickelte sich das System in Großbritannien bekanntlich mehr hin zur Parlamentssouveränität, was die im Fall *Dr. Bonham* entwickelten Grundsätze in den Hintergrund hat treten lassen; dennoch gehört dieser Fall besonders wegen seiner Vorbildfunktion für die Verfassungsgerichtsbarkeit in den Vereinigten Staaten von Amerika zu den „Schlüsselfällen der Geschichte der Verfassungsgerichtsbarkeit" (Robbers 1999: 259).

Für die Erfolgsgeschichte des richterlichen Prüfungsrechts in den USA haben aber auch außerrechtliche Faktoren eine entscheidende Rolle gespielt. Vor allem stellte dieses von Coke und anderen englischen Juristen etablierte und in die USA importierte Prinzip während der Kolonialzeit ein geeignetes rechtspolitisches Mittel dar, um unerwünschten britischen Parlamentsgesetzen ihre Gültigkeit abzusprechen. Ungerechten britischen Gesetzen, so hat etwa der Bostoner Rechtsanwalt James Otis unter Berufung auf Coke gefordert, seien ungültig und dürften von den Gerichten nicht angewandt werden (Hoffmann-Riem 2003: 27). In Fällen wie diesen wurde das Prüfungsrecht nunmehr zu einem machtpolitischen Instrument im Kampf der amerikanischen Kolonien um ihre Unabhängigkeit von der englischen Krone. In diesem Widerstand gegen die Kolonialherren spielten die Gerichte in den nordamerikanischen Kolonien eine wichtige Vorreiterrolle, da sie – gestützt auf ihr Prüfungsrecht und getragen von der damaligen öffentlichen Meinung – die englischen Parlamentsgesetze wiederholt außer Anwendung gelassen haben. Am bekanntesten ist sicher der Fall des *Stamp Act* von 1765. Dabei ging es um ein Steuergesetz, das die Richter nicht anwendeten, weil es ohne die Zustimmung der nordamerikanischen Siedler erlassen wurde, die im britischen Unterhaus nicht vertreten waren. Dieses zündende Argument – *no taxation without representation* – entfaltete später seine politische Sprengkraft vor allem als Parole im amerikanischen Unabhängigkeitskrieg.

Ihre Fortsetzung fand die Geschichte der Durchsetzung des richterlichen Prüfungsrechts im Zuge der Unabhängigkeitserklärung von 1776. Den Schöpfern der damals entstehenden nordamerikanischen Verfassungen sind vor dem Hintergrund der Auseinandersetzungen mit dem britischen Königreich, die im Jahr zuvor in den Unabhängigkeitskrieg mündeten, die Ideen des Vorrangs der Verfassung und des richterlichen Prüfungsrechts natürlich nicht unbekannt gewesen. Vielmehr griffen sie diese „gelungenen politischen Erfindungen" (Riklin 2006) ganz bewusst auf. Folgerichtig übernahm sowohl nach der Verfassung von Pennsylvania aus dem Jahre 1776 als auch nach der Verfassung von Vermont von 1777 ein Rat verfassungsgerichtsähnliche Funktionen, indem er über die Einhaltung der Verfassung und der Gesetze wachen sollte. James Madison berichtet in den *Federalist Papers* von dem offensichtlich dem römischen Vorbild entlehnten *Zensoren-Rat* in Pennsylvenia, der die Aufgabe hatte festzustellen,

> whether the Constitution had been violated, and whether the legislative and executive departments had encroached on each other (Federalist Paper 50: 315).

Ein Letztentscheidungsrecht sowie ein Verwerfungsmonopol besaß dieser Rat jedoch noch nicht, da er die von ihm als verfassungswidrig eingestuften Akte der beiden anderen Gewalten nicht selbst aufheben, sondern lediglich Empfehlungen für Verbesserungen machen konnte. Auch wenn also die Richter zum damaligen Zeitpunkt noch nicht die verfassungsrechtliche Aufgabe und verfassungspolitische Macht besaßen, gegen die Verfassung verstoßende Gesetze als nichtig zu erklären und aufzuheben, hatten sich doch die Grundideen, auf denen die Verfassungsgerichtsbarkeit bis heute basiert, längst durchgesetzt: Der Vorrang der Verfassung und das richterliche Prüfungsrecht.

Bis diese beiden Ideen in den USA durch die Institutionalisierung einer machtvollen Verfassungsgerichtsbarkeit auf Bundesebene zur vollen verfassungspolitischen Durchsetzung kamen, sollten nur noch wenige Jahre vergehen. In der Zwischenzeit — kurz bevor die Verfassungsberatungen des Philadelphia-Konvents begannen — entwickelten die Richter in den Einzelstaaten zunehmend ein Selbstverständnis als Verfassungsrichter: Sie prüften Gesetze auf ihre Verfassungsmäßigkeit und verwarfen sie gegebenenfalls (Coxe 1983: 119 ff.). Publizistisch wurden sie dabei u. a. von James Iredell unterstützt, der 1786 in einem viel beachteten Aufsatz (Hoffmann-Riem 2003: 28) einen Zusammenhang zwischen der Entwicklung moderner Staatlichkeit und der Entwicklung der Verfassungsgerichtsbarkeit postuliert. Iredell stellt dort zunächst fest, dass ein Bruch der Verfassung durch eine gesetzgebende Versammlung immer möglich ist und nur drei Möglichkeiten bestehen, dagegen vorzugehen: Das Petitionsrecht, das Widerstandsrecht und der Schutz durch die Gerichte. Das Petitionsrecht lässt den sich beschwerenden Bürger, der sich in seinen in der Verfassung verbrieften Rechten verletzt sieht, als Bittsteller gegenüber seinen Vertretern erscheinen. Doch auch das – von Iredell als grundsätzlich legitim erachtete – Widerstandsrecht lässt sich mit dem modernen Staat kaum in Einklang bringen, zumal dieses Recht zu viele Fälle von Verfassungsverletzung ungesühnt ließe, da faktisch nicht alle, die in ihren Rechten verletzt werden, Widerstand leisten könnten. Was bleibt, ist der Schutz durch die Gerichte. Nur sie gewährleisten jedem eine angemessene Sicherheit seiner verfassungsmäßigen Rechte – es sind damit die Gerichte, die im modernen Staat das Widerstandsrecht entwicklungsgeschichtlich ersetzen. Die Gerichte könnten dies jedoch nur unter der Voraussetzung leisten, dass sich der Gesetzgeber der Verfassung unterordnet. Überzeugender kann man kaum für den Vorrang der Verfassung plädieren.

Der ideengeschichtlich wichtigste Geburtshelfer für die Verfassungsgerichtsbarkeit war indessen Alexander Hamilton, der in den *Federalist Papers* den schon bekannten und in einigen nordamerikanischen Staaten in der Verfassung bereits realisierten Grundgedanken des Vorrangs der Verfassung überzeugend und prägnant zusammenfasste und den Schutz dieses Verfassungsvorranges auch auf Bundesebene den Richtern anvertrauen wollte:

> *A constitution is, in fact, and must be regarded by the judges as, a fundamental law. It therefore belongs to them to ascertain its meaning as well as the meaning of any particular act proceeding from the legislative body. If there should happen to be an irreconcilable variance between the two, that which has the superior obligation and validity ought, of course, to be preferred; or, in other words, the Constitution ought to be preferred to the statute, the intention of the people to the intention of their agents. (Federalist Paper 78: 466).*

Das aber bedeutet: Während in der Verfassung der Wille des Volkes und mit ihm das Prinzip der Volkssouveränität ungebrochen zur Geltung kommt, ist die Macht des dieses Volk repräsentierenden Kongresses lediglich eine abgeleitete. Die Rangfrage ist damit geklärt. Um diese These zu belegen, entwickelt Hamilton ein einfaches Gedankenspiel:

> *There is no position which depends on clearer principles, than that every act of a delegated authority, contrary to the tenor of the commission under which it is exercised, is void. No legislative act, therefore, contrary to the Constitution, can be valid. To deny this, would be to affirm, that the deputy is greater than his principal; that the servant is above his master; that the representatives of the people are superior to the people themselves; that men acting by virtue of powers, may do not only what their powers do not authorize, but what they forbid. (Federalist Paper 78: 465 f.)*

Mit diesem Argument lässt sich der Vorrang der (direkt auf den Willen des Volkes zurückführbaren) Verfassung gegenüber dem (lediglich von den Volksvertretern erlassenen) Gesetz also recht gut begründen. Warum aber ist die gerichtliche Kontrolle der Verfassungsmäßigkeit der Gesetze nach Hamilton die einzige Möglichkeit, die Bindung des Gesetzgebers an die Verfassung zu sichern? Dem Gesetzgeber selbst diese Aufgabe anzuvertrauen, scheidet für ihn als Möglichkeit aus, denn:

> If it be said that the legislative body are themselves the constitutional judges of their own powers, and that the construction they put upon them is conclusive upon the other departments, it may be answered, that this cannot be the natural presumption, where it is not to be collected from any particular provisions in the Constitution. It is not otherwise to be supposed, that the Constitution could intend to enable the representatives of the people to substitute their WILL to that of their constituents. It is far more rational to suppose, that the courts were designed to be an intermediate body between the people and the legislature, in order, among other things, to keep the latter within the limits assigned to their authority. The interpretation of the laws is the proper and peculiar province of the courts. (Federalist Paper 78: 466)

Das Gericht ist gewissermaßen das Sprachrohr der Verfassung, welche sich das Volk souverän selbst gegeben hat, und damit zugleich Sprachrohr des eigentlichen Willens des Volkes, der in eben dieser Verfassung zum Ausdruck kommt und ewig gültig sein soll. So gesehen wird auch der *Supreme Court* als Agent eingesetzt, der – durch Auslegung der Verfassung – den Willen des Volkes ungebrochen und damit durch keine Gegengewalt eingehegt verwirklichen kann und durch seine Rechtsprechung immer wieder aktualisiert. So wird der *Supreme Court* zum Agenten des *pouvoir constituant*, genauer: des Verfassungswillens des Volkes. Dass dieser überzeitlich und ewig gedachte Wille des Volkes durch den *Supreme Court* gegebenenfalls auch gegen den aktuellen Willen des von kurzfristigen Interessen und Leidenschaften geleiteten Gesetzgebers durchgesetzt werden müsste, entspricht im Übrigen der Logik des Hamiltonschen Arguments eines „*limited government*", denn die Repräsentanten des Volkes im Kongress haben im Gegensatz zum *Supreme Court* gerade nicht den direkten Draht zum verfassungsgebenden Volk, sondern nur ein aus der Verfassung abgeleitetes und durch diese Verfassung auch begrenztes Mandat zur Gesetzgebung. Für Hamilton ist es ein unumstößliches Prinzip, dass ein auf delegierter Macht beruhender Akt (der Gesetzgebung) nur gültig sein kann, wenn er die Grenzen des Mandats (erteilt in der Verfassung durch das Volk als Verfassungsgeber) beachtet.

Da Hamilton in der Verfassung den Ausdruck des Volkswillens sieht, während die Gesetze lediglich den Willen der Volksvertreter zum Ausdruck bringen, muss im Kollisionsfall die Verfassung Vorrang genießen. Warum die Richter darüber entscheiden sollen, ob ein Kollisionsfall vorliegt, hat Hamilton recht überzeugend begründet. Die Volksvertreter scheiden für Hamilton aus, denn diese würden natürlich immer bestreiten, dass überhaupt eine Abweichung vorliegt. Sie würden ihren Willen als den des Volkes ausgeben, sie wären somit Richter in eigener Sache. Vielleicht erinnerte sich der juristisch bewanderte Alexander Hamilton bei der Niederschrift dieser Passagen an das oben beschriebene Urteil des Richters Sir Edward Coke im Fall „Dr. Thomas Bonham". Nach Hamilton bedarf es zwangsläufig einer dritten Instanz, nämlich der Gerichte, um neutral über Interessenkonflikte entscheiden zu können. Zur Überprüfung der Frage, ob der Gesetzgeber im gegebenen Falle jene Grenzen überschritten hat, kann in letzter Instanz niemand anderes berufen sein als die Gerichte und das oberste Bundesgericht, das damit aber auch in die Rolle des (permanenten) Verfassungsgebers hineinschlüpft. Dem amerikanischen Präsident Wilson wird in diesem Zusammenhang das treffende Zitat zugeschrieben, wonach der Oberste Gerichtshof „eine Art verfassungsgebende Versammlung (ist), die in Permanenz tagt" (Arendt 2000: 258). Hamilton muss an diesem Punkt seiner Argumentation nur noch darlegen, dass die Recht *sprechende* Gewalt trotz der ihr gegebenen Macht des Prüfungs- und Verwerfungsrechts nicht über der Recht *setzenden* Gewalt steht:

> *This conclusion (does) not by any means suppose a superiority of the judicial to the legislative power. It only supposes that the power of the people is superior to both; and that where the will of the legislature, declared in its statutes, stands in opposition to that of the people, declared in the Constitution, the judges ought to be governed by the latter rather than the former. They ought to regulate their decisions by the fundamental laws, rather than by those which are not fundamental (Feredalist Paper 78: 466).*

Trotz der von Hamilton so geschickt begründeten hervorgehobenen Stellung des *Supreme Court* in der amerikanischen Verfassungsordnung – die sich nach dem Willen der Verfassungsväter weniger auf Macht, denn auf die *auctoritas* der Richter gründen soll (Arendt 2000: 256) – verzichtete der Verfassungsgeber jedoch auf eine ausdrückliche Regelung, wonach der *Supreme Court* über die Auslegung der Verfassung und die Vereinbarkeit von nachrangigem nationalen und einzelstaatlichen Recht mit der Verfassung entscheidet, wie sie etwa das deutsche Grundgesetz in Art. 93 Abs. 1 und Art. 100 Abs. 1 enthält. Bis heute ist damit ungeklärt, ob die amerikanischen Verfassungsväter diese Kompetenz dem *Supreme Court* tatsächlich einräumen wollten (Alleweldt 1996). Im Gegensatz zur deutschen Lösung setzte man im amerikanischen System ganz im Sinne des Leitmotivs *ambition must be made to counteract ambition* (Federalist Paper 51: 319) bewusst auf Gewaltenteilung innerhalb der Legislative, etablierte also ein Zweikammersystem und verlieh darüber hinaus dem Präsidenten ein suspensives Vetorecht. Vieles deutet darauf hin, dass es bei diesen institutionellen Grundentscheidungen darum ging, die Legislativmacht ganz allgemein zu kontrollieren, zu bändigen und auch zu hemmen. Dies ist konsequenter Ausdruck des vor allem in dem von James Madison verfassten *Federalist Paper No. 51* eindrucksvoll begründeten Bestrebens, ein über Montesquieu und seine einfache Gewaltentrennung hinausgehendes Modell wechselseitiger Balancierung und Kontrolle von Macht zu installieren, während das spezielle Problem der Kontrolle der Verfassungsmäßigkeit von Gesetzen zunächst eine nur untergeordnete Rolle spielte (Elster 1995). Daher blieb die Frage der gerichtlichen Überprüfung und gegebenenfalls Verwerfung von Gesetzen in der Verfassung durchaus noch offen, und es bedurfte der Rechtsprechung des Obersten Bundesgerichts, das sie nur wenige Jahre später im berühmten Fall *Marbury v. Madison*[2] zugunsten des Kontrollrechts der Recht sprechenden Gewalt mit dem *U.S. Supreme Court* als letzter Instanz beantwortet hat.

Vorläufer der Verfassungsgerichtsbarkeit in Deutschland bis 1949

Die Idee, Gerichten ein Normenkontrollrecht zuzugestehen, hat sich in Deutschland nur zögerlich durchgesetzt. Oft wird deshalb betont, dass das BVerfG bei seiner Gründung eine neue Institution gewesen sei, die an keine Tradition anknüpfen konnte. Es sei quasi ein „Novum in der deutschen Verfassungsgeschichte" (Säcker 2003: 18). Diese Einschätzung ist nicht ganz korrekt, denn einzelne Funktionen, die dem neuen Verfassungsgericht zugeschrieben wurden, sind durchaus von früheren Gerichtsbarkeiten in Deutschland ausgeübt worden (Robbers 1990: 257). Doch anders als etwa in Frankreich (Volkssouveränität) und Großbritannien

---

2 5 U.S. (1 Cranch) 137, 2 L.Ed. 60 (1803).

(Parlamentssouveränität) hat sich Deutschland nach 1945 zu einem stark ausgebauten demokratischen Verfassungsstaat entwickelt, der dem Leitbild der Verfassungssouveränität folgt (Abromeit 1995). Und tatsächlich war dies in seiner Geschichte nicht unbedingt vorgezeichnet, obwohl die Idee der Verfassungsgerichtsbarkeit durchaus auf eine gewisse Tradition zurückblicken kann. Schon das Wirken des Reichskammergerichts vom 16. bis zum 18. Jahrhundert führte zu einer „intensiven Verrechtlichung des politischen Lebens" und ließ bei einigen Zeitgenossen die Überzeugung wachsen, dass sich „politische Konflikte [...] im Prinzip in Rechtsfälle transformieren und gerichtlich entscheiden" (Stolleis 1988: 134) lassen könnten. Allerdings hatte das Reichskammergericht nicht immer das letzte Wort. Denn gegen seine Urteile war ein Rekurs auf den Reichstag möglich, der wiederum jedoch häufig unwirksam blieb. Zwar war die Verfassungsgerichtsbarkeit als Organisation noch längst keine Wirklichkeit, doch der damals vor Gericht noch übliche Bezug auf naturrechtliche Rechtspositionen sowie die seit dem 17. Jahrhundert verbreitete Annahme von der Existenz von bestimmten vorrangigen *leges fundamentales* deuten darauf hin, dass der Idee nach die Verfassungsgerichtsbarkeit auch in Deutschland schon früh angelegt war.

Späterer Ausdruck der Wirkkraft dieser Idee ist die Paulskirchenverfassung von 1849, die eine damals vielleicht nur vom *Supreme Court* übertroffene, weit ausgebaute Verfassungsgerichtsbarkeit durch das Reichsgericht vorsah. Die deutschen Revolutionäre wollten deutlich weiter gehen als die reaktionären Kräfte bei der Gründung des Deutschen Bundes 1815. Doch damals schon scheiterte die Einrichtung eines Bundesgerichts, dem Entscheidungen über Streitigkeiten zwischen den Bundesgliedern und über Verletzungen der in der Bundesverfassung gesicherten Rechte der Untertanen obliegen sollten. Das Reichsgericht nach der Paulskirchenverfassung sollte nicht nur über föderale Streitigkeiten und über Konflikte zwischen Staatenhaus, Volkshaus und Reichsregierung über die Auslegung der Reichsverfassung entscheiden dürfen. Vorgesehen war darüber hinaus, dass es über Klagen befinden solle, die jeder deutsche Staatsbürger wegen Verletzung der ihm durch die Reichsverfassung gewährten Rechte einlegen durfte. Wäre die Reichsverfassung in Kraft getreten, hätte somit sogar die Möglichkeit der Verfassungsbeschwerde bestanden.

Die Verfassungen des Norddeutschen Bundes und des Deutschen Reiches von 1871 blieben hinter diesen Vorstellungen (die sich damals schon nicht durchsetzen konnten) weit zurück. Politische Streitschlichtungsverfahren wurden verfassungsgerichtlichen Verfahren vorgezogen. Kam es zum Streit zwischen einzelnen Gliedstaaten des Deutschen Reichs, so konnte der Bundesrat zur Streitschlichtung aufgerufen werden. Er entschied als letzte Instanz auch in Verfassungsstreitigkeiten innerhalb der einzelnen Gliedstaaten. Insgesamt hatte die Idee der Verfassungsgerichtsbarkeit in der zweiten Hälfte des 19. Jahrhunderts in Deutschland deutlich an Strahlkraft verloren.

In der Weimarer Republik wurden jedoch wieder Institutionen geschaffen, die verfassungsgerichtsähnliche Funktionen übernahmen. Zunächst geschah dies auf Länderebene, wo an die staatsgerichtlichen Traditionen aus dem 18. Jahrhundert angeknüpft werden konnte. So wurden in Thüringen, Mecklenburg-Schwerin, Oldenburg und Lübeck Streitigkeiten über die Auslegung der Verfassung zwischen Regierung und Parlament den Staatsgerichtshöfen anvertraut. An der Spitze des Fortschritts stand damals Bayern, denn dort war nach § 93 der bayerischen Verfassung vorgesehen, dass jeder Reichsangehörige und jede im Land ansässige juristische Person wegen der Verletzung seiner verfassungsrechtlich gewährleisteten Rechte den dortigen Staatsgerichtshof anrufen konnte. Damals hatten jedoch viele Länder die Erledigung von Verfassungsstreitigkeiten in ihrem Lande dem Staatsgerichtshof des Reiches überantwortet. Dieser stand aber bei der Erledigung von verfassungsgerichtsähnlichen Aufgaben nicht alleine. Während der Staatsgerichtshof über Verfassungsstreitigkeiten innerhalb der Länder, die Ministeranklage und föderale Streitigkeiten zu entscheiden hatte, blieb die abstrakte Normenkontrolle über die Vereinbarkeit von Landesrecht mit Reichsrecht dem Reichsgericht sowie anderen obersten Gerichten des Reiches überlassen. Staatsgerichtshof und Reichsgericht waren institutionell stark miteinander verbunden, wie schon der Doppelhut des Präsidenten des Reichsgerichts beweist, denn dieser war zugleich Vorsitzender des Staatsgerichtshofs.

Der Weimarer Staatsgerichtshof für das Deutsche Reich reiht sich somit in eine Tradition in Deutschland ein, in der die judikative Bewältigung von staatsorganisatorischen Streitigkeiten nicht unbekannt war. Allerdings waren den beiden Höchstgerichten Entscheidungen über Streitigkeiten zwischen den Reichsverfassungsorganen sowie Normenkontrollen am Maßstab der Reichsverfassung verwehrt. Vor allem aber war das Institut der Verfassungsbeschwerde nicht vorgesehen. Einerseits umfasst die *Staatsgerichtsbarkeit* damit lediglich einen kleinen Ausschnitt jener Aufgaben, die später dem BVerfG als *echtem* Verfassungsgericht anvertraut wurden. Doch für den wirksamen Schutz vor Grundrechtsverletzungen war die damalige Verwaltungsgerichtsbarkeit vorgesehen. Allerdings waren Grundrechte nach damaligen Verständnis noch keine dem einfachen Recht vorgehende und übergeordnete Abwehrrechte gegen den Staat, sondern eher Programmsätze und Leitlinien für die Gesetzgebung (Robbers 1990: 262). Die Ansicht, die Verfassung (und die in ihr enthaltenen Grundrechte) als allem anderen Recht übergeordnete Rechtsquellen anzusehen, konnte sich damals noch nicht durchsetzen.

Trotz der in der Weimarer Republik nur eingeschränkten und auf verschiedene Gerichte verteilten Verfassungsgerichtsbarkeit wurden in jener Zeit einige bedeutende Verfassungsstreitigkeiten ausgefochten und entschieden. Dahinter stand die große theoretische Frage, wer „Hüter der Verfassung" sein solle (Kelsen 1931; Schmitt 1931). Schon damals war es ein viel diskutiertes verfassungsrechtliches Thema, ob, und wenn ja, wie und durch wen Reichsgesetze auf ihre Übereinstimmung mit der Reichsverfassung überprüft werden sollten (Lembcke 2007: 15 ff.). Die Verfassung sah dies nicht vor, doch einige Richter sahen es als ihre Pflicht an, denn sie reklamierten, wohl erstmals in der deutschen Verfassungsgeschichte, das richterliche Prüfungsrecht für sich (Hartmann 2007). Das Reichsgericht entschied am 4. November 1925,[3] dass der Richter wegen seiner Bindung an das Gesetz nur dem gültigen Gesetz unterworfen sein könne und deshalb die Verfassungsmäßigkeit des Gesetzes auch im materiellen Sinne zu prüfen habe, da eine Verfassungsänderung nur unter den in der Verfassung vorgeschriebenen Erfordernissen möglich sei. Das Gegenargument lässt sich aber ebenfalls nicht von der Hand weisen: Wenn die Richter das richterliche Prüfungsrecht besitzen, also die Macht, Parlamentsgesetze und Verordnungen auf ihre Verfassungsmäßigkeit hin zu überprüfen und gegebenenfalls zu verwerfen, nehmen sie, in justizwidriger Weise an der Verfassungsgesetzgebung teil (Schmitt 1931). Es könne nach der damals herrschenden Meinung in der Staatsrechtslehre nicht sein, dass sich der unmittelbar demokratisch legitimierte Gesetzgeber dem Votum eines hinsichtlich seiner demokratischen Legitimation minderwertigeren Richtergremiums unterwerfen solle. Aus diesen Gründen sollten sich die Richter auf ihre Kernaufgabe beschränken, nämlich die Entscheidung von Rechtsfragen.

Dieses sich am Schema der klassischen Gewaltenteilung orientierende Argument wurde keineswegs nur vom bekannten konservativen Staats-

---

3 RZG 111, 320 ff – Aufwertungsgesetz (1925).

rechtler Carl Schmitt ins Feld geführt. Die einflussreichsten Träger der Kritik am richterlichen Normenkontrollrecht kamen sogar eher aus dem linksliberalen Lager. In der Weimarer Zeit wurde sie vor allem von jenen vorgetragen, die im Anspruch einiger Richter, das richterliche Prüfungsrecht anwenden zu wollen, eine Kampfansage gegen die parlamentarische Demokratie erblickten. Bereits unter dem Eindruck einer „Klassenjustiz" stehend, erschien ihnen, allen voran den jungen sozialdemokratischen Staatstheoretikern Hermann Heller (1929) und Ernst Fraenkel (1927), das richterliche Normenkontrollrecht vor allem deshalb problematisch, weil die Richter im Gegensatz zur Mehrheit der gewählten Reichstagsabgeordneten in der Regel einer konservativen Schicht angehörten. Die somit von allen politischen Seiten artikulierte Kritik am richterlichen Prüfungsrecht war jedenfalls noch so wirkungsmächtig, dass sich die Verfassungsgerichtsbarkeit in der ersten deutschen Demokratie nicht voll durchsetzen konnte. Als „Hüter der Verfassung" kam ein Verfassungsgericht nicht in Frage.

Allerdings hat der Leipziger Staatsgerichtshof vor allem in den letzten Jahren der Weimarer Republik durchaus viele wichtige Entscheidungen von verfassungsrechtlicher Relevanz getroffen. Dabei fällte er jedoch Urteile, die die reservierte und misstrauische Haltung vieler linksliberaler Weimarer Intellektueller gegenüber der Richterzunft eindrucksvoll bestätigten. Hervorzuheben war hierbei vor allem der „Preußenschlag"-Prozess (Stolleis 1999: 120ff.). Als „Preußenschlag" wurde der Staatsstreich in Preußen am 20. Juli 1932 bezeichnet, bei dem die zwar nicht mehr durch eine parlamentarische Mehrheit gestützte, jedoch im Einklang mit der Landesverfassung weiterhin geschäftsführende sozialdemokratische Regierung unter Ministerpräsident Otto Braun im Freistaat Preußen durch einen Reichskommissar ersetzt wurde. So ging die Staatsgewalt im größten Land des Deutschen Reiches auf die Reichsregierung von Franz von Papen über. Über diese Schwächung des Föderalismus, die die später unter nationalsozialistischer Herrschaft durchgeführte Zentralisierung des Reiches bereits vorgezeichnet hatte, sollte der Staatsgerichtshof am 25. Oktober 1932 juristisch befinden. Der Gerichtshof bestätigte die Maßnahmen des Reichskommissars Papen, weil sie angeblich der Aufrechterhaltung von Ordnung und Sicherheit im Land dienten. Formal blieb die Regierung Braun zwar im Amt – die tatsächliche Macht lag nunmehr aber bei den Vertretern der „Reichsexekution", der „Kommissarsregierung" unter Franz Bracht. Kritische Intellektuelle in Weimar machten sich ihren eigenen Reim auf diese Geschehnisse um den „Preußenschlag": „Brecht hat Recht, Bracht die Macht" – so hieß es damals lakonisch.

Wie der „Preußenschlag"-Prozess dokumentiert, blieb der Staatsgerichtshof im Wesentlichen nur zuständig für föderative Streitigkeiten zwischen Reich und Ländern und Organstreitigkeiten innerhalb der einzelnen Länder. Hierbei mussten immer wieder staatsorganisatorische Normen interpretiert und angewandt werden. Doch deren Prüfung am Maßstab einer höherrangigen Verfassung bzw. am höherrangigen Maßstab der Grundrechte fand nicht statt. Zentrale verfassungsgerichtsähnliche Funktionen blieben ihm somit weiterhin vorenthalten. Die Weimarer Reichsverfassung (WRV) kannte weder Verfassungsbeschwerden noch Organstreitigkeiten zwischen den Organen des Reiches. Auch ein generelles Normenkontroll- und Verwerfungsrecht stand dem Staatsgerichtshof letztlich nicht zu: Die noch 1925 beanspruchte gerichtliche Kontrolle von Reichsgesetzen am Maßstab der Verfassung wurde niemals voll praktiziert.

Zusammenfassend zeigt der historische Rückblick, dass sich Spurenelemente des späteren umfangreichen Aufgabenkatalogs der Verfassungsgerichtsbarkeit bereits im 19. Jahrhundert finden lassen. Institutionell war das BVerfG daher eine moderne Erfindung, doch funktional reichen die Wurzeln weit zurück (Menzel 2000: 2). Die Funktionen dieser früheren Gerichtsbarkeiten blieben jedoch solange ohne praktische verfassungspolitische Relevanz, solange sich die Fürsten ihre Souveränität nicht aus der Hand nehmen lassen wollten, weder von den Gerichten noch von den sich im ersten Drittel des 19. Jahrhunderts sich allmählich neu konstituierenden Parlamenten, die sich ihrerseits zunehmend als Bewahrer der Rechte des Volkes betrachteten. Auch die Reichsverfassung von 1871 verwehrte dem Reichsgericht eine Verfassungsrechtsprechung, obwohl die Idee einer Verfassungsgerichtsbarkeit als „Schlussstein des konstitutionellen Rechtsstaates" (Binding 1899: 70) einigen damaligen Rechtsgelehrten durchaus attraktiv erschien. In Weimar schließlich konnte sich die Verfassungsgerichtsbarkeit nicht durchsetzen, weil es unvorstellbar und „justizfremd" schien, ein Gericht zum „Hüter der Verfassung" zu inthronisieren.

2.2 Die Beratungen zum BVerfG im Parlamentarischen Rat

Das BVerfG kann auf einige nationale Vorläufer für einzelne Rechtsprechungsbereiche zurückblicken, es existierte jedoch keine deutsche Vorgängerinstitution, die annähernd jene große Kompetenzfülle besaß, mit der

der Verfassungsgeber und später der Gesetzgeber das Gericht in Karlsruhe ausgestattet haben. Der Parlamentarische Rat konnte sich bei seinen Beratungen zum Grundgesetz schnell darauf einigen, dass dem neu zu schaffenden Bundesgericht das richterliche Prüfungsrecht über Bundesgesetze zustehen sollte. Es sollte somit nicht nur ein herkömmlicher Staatsgerichtshof, sondern ein echtes Verfassungsgericht sein. Prinzipiell konnte insbesondere nach den schlechten Erfahrungen mit dem Reichspräsidenten der Weimarer Republik, dem damals noch die Rolle als „Hüter der Verfassung" übertragen worden war, bald Konsens darin erzielt werden, diese Aufgabe fortan besser einem Bundesgericht anzuvertrauen (Geiger 1952). Doch konnte sich der Parlamentarische Rat hinsichtlich der näheren Ausgestaltung der Verfassungsgerichtsbarkeit kaum an nationalen Gerichten der Vergangenheit orientieren.

Allerdings knüpften die Mitglieder des Parlamentarischen Rats zum einen an die Formulierungen und Bestimmungen aus den frühen westdeutschen Landesverfassungen von 1946/47 an. Den dort bereits eingerichteten Staats- bzw. Verfassungsgerichtshöfen wurde u. a. die Kompetenz eingeräumt, auf Antrag der Gerichte Landesgesetze auf ihre Übereinstimmung mit der Landesverfassung zu überprüfen. Zum anderen konnten sie auf die Beratungen des von den westdeutschen Ministerpräsidenten einberufenen und vom 10. bis zum 23. August 1947 tagenden Verfassungskonvents auf Herrenchiemsee zurückgreifen. Dieser hatte z. B. nach dem Vorbild der Paulskirchenverfassung, aber auch der bayerischen Verfassung von 1946, bereits erwogen, dass jedem Bürger die Möglichkeit einer Verfassungsbeschwerde eingeräumt werden solle. Eines der wichtigsten Probleme der Nachkriegszeit war für die Konferenzteilnehmer auf Herrenchiemsee zunächst jedoch nicht, wie die Verfassungsgerichtsbarkeit organisiert und welche Kompetenzen ihr zugestanden werden sollte. Vielmehr wurde die grundsätzliche Frage diskutiert, wie die Justiz trotz ihrer Belastung durch ihre Rolle im Nationalsozialismus in demokratieverträglicher Weise in den neuen Staat integriert werden könne.[4]

---

4 Zur Illustration des Problems sei auf eine Aussage von Adolf Menzel, Vertreter der SPD im Parlamentarischen Rat und Sachverständiger zum Thema Verfassungsgerichtsbarkeit, verwiesen. Menzel machte am 9. September 1948 während der Beratungen des Parlamentarischen Rates darauf aufmerksam, dass 76 Prozent aller Richter und Staatsanwälte in der britischen Besatzungszone ehemalige NSDAP-Mitglieder seien (entnommen aus Niclauß 2006: 121).

Dass die höchsten Richter durch richterliche oder juristische Gremien, also durch Einrichtungen der „Dritten Gewalt", bestellt werden sollten, galt unter der so kurz nach dem Zweiten Weltkrieg noch nachwirkenden Diktaturerfahrung von vornherein als ausgeschlossen (Billing 1969: 238 ff.). Auf Länderebene glaubte man folgerichtig – mit der Ausnahme Badens – zur Lösung dieses Problems bei der Zusammensetzung der Landesverfassungsgerichtshöfe mehrheitlich auf Laien zurückgreifen zu müssen, damit die Berufsrichter in der Minderheit blieben. Für den einzurichtenden Verfassungsgerichtshof auf Bundesebene schien diese Lösung vielen Konventsmitgliedern weniger attraktiv. Auf dem Herrenchiemseekonvent war lange umstritten, welche Qualifikation die Richter für ihr Amt mitbringen mussten. Am Ende einigte man sich nur auf den Kompromiss, dem Parlamentarischen Rat vorzuschlagen, dass die Verfassungsrichter zur Hälfte Berufsrichter sein sollten. In der Kommentierung des Art. 100 des „Chiemseer Entwurfs" wurde aber darauf aufmerksam gemacht, dass diese Frage sehr kontrovers diskutiert wurde. Ebenfalls umstritten blieb auch die Organisation der höchsten Gerichtsbarkeit. Konsens bestand lediglich von Anfang an darin, auf eine politisch kontrollierte Bestellung des Richterkollegiums zu setzen, indem Bundestag und Bundesrat jeweils die gleiche Zahl von Richtern wählen sollten.

Zwar hatte der Konvent von Herrenchiemsee grundlegende Vorarbeiten geleistet, doch wurden erst im Parlamentarischen Rat die wichtigsten Grundsatzdebatten geführt und Weichenstellungen über die einzurichtende Verfassungsgerichtsbarkeit auf Bundesebene vorgenommen (Niclauß 2006: 117 ff.). Vor allem verlangte die Frage nach der Organisation der obersten Gerichtsbarkeit im Bund eine Klärung: Sollte der Verfassungsgerichtshof neben weiteren oberen Bundesgerichten stehen oder zu einem untergeordneten Teil eines einheitlichen Obersten Bundesgerichts werden? Zur Beantwortung dieser Frage musste geklärt werden, welche Funktion das zukünftige Verfassungsgericht im neu zu schaffenden politischen System spielen sollte. Sollte es als „Dritte Gewalt" und Spitze der Judikative neben der Erledigung föderaler Streitigkeiten vornehmlich die Regierung und vor allem das Parlament kontrollieren, um zu verhindern, dass aus der im parlamentarischen Regierungssystem vorgesehenen Verschmelzung von Parlamentsmehrheit und Regierung eine „parlamentarische Diktatur" erwachsen könne, wie Adolf Süsterhenn, der CDU-Justizminister in Rheinland-Pfalz, und Konrad Adenauer, der spätere Bundeskanzler, zu bedenken gaben. Das Verfassungsgericht als zentrales gewaltenteiliges Element einer konstitutionellen Demokratie, das war die Konzeption der meisten CDU- und FDP-Vertreter im Parlamentarischen Rat. Oder sollte das Verfassungsgericht neben der Kontrolle gegenüber anderen Staatsorganen vor allem auch Kontrollaufgaben innerhalb der mit nationalsozialistischer Vergangenheit belasteten Justiz ausüben, so die Vorstellungen der meisten Sozialdemokraten, in dieser Frage vertreten von Walter Menzel. Würde man der zweiten Konzeption einer tendenziell „politischen Verfassungsgerichtsbarkeit" folgen, so müsste gewährleistet werden, dass das Gericht zwar einerseits Unabhängigkeit genießt, andererseits aber eben auch vom Parlament bzw. der Parlamentsmehrheit beaufsichtigt werden kann. Dies wiederum müsste Konsequenzen hinsichtlich der Bestellung des Richterkollegiums nach sich ziehen. Zum einen müsste die demokratische Wahl der Richter im Vordergrund stehen (und deren Amtszeit möglichst kurz sein). Zum anderen sollten, um die Kontrollfunktion gegenüber der belasteten Justiz aufrecht zu erhalten, justizfremde Laienrichter bei der personellen Besetzung des Gerichts prinzipiell den Vorzug vor Berufsrichtern erhalten oder aber zumindest in angemessener Zahl repräsentiert werden. Es ist unschwer zu erkennen, dass diese beiden Konzeptionen nicht leicht miteinander zu vereinbaren waren.

Bei den Beratungen im *Ausschuss für Verfassungsgerichtsbarkeit und Rechtspflege* zeigte sich tatsächlich bald, dass eine Einigung in der Organisationsfrage nur schwer zu erzielen war.[5] Lange diskutiert wurden etwa von Walter Strauß (CDU) vorgetragene Vorstellungen, nach denen dem (gemischt besetzten) Verfassungsgericht lediglich eine untergeordnete Stellung unter einem (ausschließlich mit Berufsrichtern besetzten) Obersten Bundesgericht eingeräumt werden sollte, dem allein es vorbehalten bliebe, gegebenenfalls Gesetze auf ihre Übereinstimmung mit dem Grundgesetz zu überprüfen. Hier sollten Politik und Recht klar voneinander getrennt werden. Für das „Politische" (Organstreitigkeiten, föderale Streitigkeiten) wäre das Verfassungsgericht zuständig gewesen, wobei aber ausgerechnet die Normenkontrollen ausgeklammert bleiben sollten. Für das „Rechtliche" sollte das Oberste Bundesgericht verantwortlich sein, dem das Recht der Normenkontrolle zugesprochen wird, weil diese sich als eine unmittelbare Anwendung richterlicher Gewalt in einer „reinen Rechtssphäre" abspiele. Dem politisch Fachkundigen hätte schon damals klar sein müssen, dass Gerichte gerade durch das richterliche Prüfungs-

---

5 Vgl. zum Folgenden jeweils mit weiteren Nachweisen Niclaus (2006: 20ff.); Laufer (1968: 278ff.) sowie Deutscher Bundestag (2002: 1162ff.).

recht gegenüber Parlamentsnormen in den Sog politischer Auseinandersetzungen hineingeraten. Hätten sich diese Vorstellungen durchgesetzt, wäre das Verfassungsgericht im späteren bundesrepublikanischen Regierungssystem sicher zu einer Randfigur geworden. Doch die Sozialdemokraten und auch einige CDU-Mitglieder widersetzten sich diesen Ideen, argumentierten dabei jedoch nicht grundsätzlich, sondern pragmatisch. Eine solche „große Justizreform", so Wilhelm Wagner (SPD), könne der Parlamentarische Rat schon aus zeitlichen Gründen nicht leisten. Am Ende einigten sich die Mitglieder des Ausschusses auf einen Kompromiss, der auf eine Vertagung des Problems hinauslief. Am 10. November 1948 wurde entschieden, das BVerfG in organisatorischer Hinsicht vom Obersten Bundesgericht zu trennen, zu dessen späteren Errichtung in der Urfassung des Grundgesetzes in Art. 95 Abs. 1 ein Verfassungsauftrag formuliert wurde. Einige Wochen später, am 6. Dezember 1948, jedoch durchkreuzte der Ausschuss seinem eigenen Beschluss der organisatorischen Trennung, indem er entschied, die grundgesetzlichen Ausführungen zum Bundesverfassungsgericht nun doch in den Abschnitt *Gerichtsbarkeit und Rechtspflege* zu integrieren (Deutscher Bundestag 2002: 1348 f.).

Zu anderen Problemfeldern fand der Parlamentarische Rat schneller eine Lösung. Nachdem die organisatorische Trennung von Oberstem Bundesgericht und Verfassungsgericht beschlossen wurde, musste über die Besetzung von letzterem entschieden werden. Nach dem Entwurf von Herrenchiemsee sollte noch die Hälfte der Verfassungsrichter Berufsrichter sein, doch der Ausschuss für Verfassungsgerichtsbarkeit und Rechtspflege entschied sich für eine Delegation dieser Frage an den Bundesgesetzgeber, der dies zukünftig im Ausführungsgesetz zum BVerfG frei von grundgesetzlichen Vorgaben regeln sollte (Deutscher Bundestag 2002: 1401 f.). In der Frage der Kompetenzen, die dem BVerfG eingeräumt werden sollten, hatte man sich ebenfalls schon lange geeinigt: Neben die klassischen staatsorganisatorischen Streitigkeiten (Organstreitigkeiten) traten in Art. 93 GG abstrakte Normenkontrollen auf Antrag der Bundesregierung, einer Landesregierung oder eines Drittels der Mitglieder des Bundestages sowie föderale Streitigkeiten. In der Urfassung des Grundgesetzes fehlte somit noch das Instrument, das später zur eigentlichen Grundlage der Rechtsprechungsmacht des BVerfG werden sollte: die Verfassungsbeschwerde. Sie wurde erst später, im März 1951, auf Initiative der SPD in das BVerfGG eingeführt (und erst im Januar 1969 mit Verfassungsrang versehen).

Zusammenfassend lässt sich für die Beratungen im Parlamentarischen Rat konstatieren, dass sich im von ihm beschlossenen Grundgesetz in seiner Urfassung für die machtvolle Rolle, die das BVerfG später einnehmen sollte, nur wenige Anhaltspunkte finden. Vielleicht besteht seine größte Leistung deshalb nicht darin, was er zum Thema Verfassungsgerichtsbarkeit tatsächlich entschieden hat, sondern wozu er sich trotz intensiver Beschäftigung mit diesem Thema gerade nicht durchgerungen hat, nämlich zur Errichtung und näheren Ausgestaltung eines ausschließlich mit Berufsrichtern besetzen Obersten Bundesgerichts, unter dem die (gemischt besetzte) Verfassungsgerichtsbarkeit wahrscheinlich marginalisiert worden wäre. Indem dieses heikle Problem sowie die Frage nach der Qualifikation der Verfassungsrichter an den zukünftigen Gesetzgeber delegiert wurden, entlastete sich der Parlamentarische Rat und wurde hinsichtlich der grundgesetzlichen Bestimmungen um die Verfassungsgerichtsbarkeit endlich beschlussfähig. Zwar stand damit die Einrichtung eines Obersten Bundesgerichts weiterhin im Raum, doch wird gleich zu zeigen sein, dass das BVerfG davon unbenommen von Anfang an gewillt zu sein schien, seinen Platz als eines der höchsten Verfassungsorgane neben Bundestag, Bundesregierung, Bundesrat und Bundespräsident zu behaupten.

2.3 Bewährungsproben und Wegmarken

Auf dem Weg zu einem der mächtigsten Verfassungsgerichte der Welt musste das BVerfG anfangs einige Hindernisse beseitigen und sich gleich bewähren.[6] Nach der damals noch dominierenden politischen *und* verfassungsrechtlichen Auffassung wurde dem BVerfG lediglich der Status eines Annexes des Bundesgerichtshofs zugedacht. Dem Gericht den Status eines Verfassungsorgans zu verleihen, sahen die Mütter und Väter des Grundgesetzes ebenfalls nicht vor, zumal noch Anfang der 1950er Jahre, ganz im Einklang mit der damaligen Fassung des Grundgesetzes, die Einrichtung eines Obersten Bundesgerichtshofs weiterhin zur Debatte stand. Im ursprünglichen Art. 95 Abs. 1 GG[7] stand sogar der entsprechende Verfas-

---

6 Schon der erste Fall, den das BVerfG zu entscheiden hatte, war an Komplexität kaum zu überbieten. Es ging um die besonders in Baden heftig umstrittene Gründung des „Südweststaats" Baden-Württemberg durch die Zusammenlegung von Württemberg-Hohenzollern, Württemberg-Baden und (Süd-)Baden im Jahr 1952 (BVerfGE 1, 14 – Südweststaat (1951).
7 Grundgesetz in der Urfassung vom 23. Mai 1949.

sungsauftrag an den Bundesgesetzgeber: „Zur Wahrung der Einheit des Bundesrechts wird ein Oberstes Bundesgericht errichtet." Es entsprach somit den Intentionen der Mütter und Väter des Grundgesetzes, die Dritte Gewalt in der Bundesrepublik mit einer Art Doppelspitze auszustatten. Das speziellere Verfassungsgericht, das ausschließlich für Verfassungsfragen zuständig sein sollte einerseits und ein Oberstes Bundesgericht als Garant der Rechtsprechungseinheit des Bundes innerhalb der Fachgerichtsbarkeit andererseits. Auch dies dokumentierte die ursprüngliche Fassung des Grundgesetzes in Art. 92 GG zweifelsfrei:

> *Die rechtsprechende Gewalt ist den Richtern anvertraut; sie wird durch das Bundesverfassungsgericht, durch das Oberste Bundesgericht, durch die in diesem Grundgesetze vorgesehenen Bundesgerichte und durch die Gerichte der Länder ausgeübt.*

Erst nachdem der Bundesgesetzgeber seinem Verfassungsauftrag bis 1968 nicht nachgekommen war, entschied der Verfassungsgesetzgeber, die Bestimmungen des GG zum Obersten Bundesgericht zu streichen. Der Grund hierfür ist neben dem kaum vorhandenem gesetzgeberischen Interesse zur Einrichtung einer solchen Institution vor allem gewesen, dass das BVerfG bis dato alle schwerwiegenden Konflikte und Machtkämpfe mit den oberen Bundesgerichten erfolgreich bestehen konnte. Mehr noch: Das BVerfG sorgte sogar dafür, dass sich die Fachgerichte seinem Jurisdiktionsanspruch unterordneten (Baldus 2005). Dies gelang dem BVerfG durch die Durchsetzung zweier Grundsätze, an die sich fortan alle nachrangigen Gerichte zu halten hatten. *Erstens* machten die Karlsruher Richterinnen und Richter den letztinstanzlichen Bundesgerichten unmissverständlich klar, dass sie in Fragen der Verfassungsauslegung nicht mitzureden hätten, so dass eine Deutungskonkurrenz zum BVerfG gar nicht erst entstehen konnte. Dies hätten die oberen Bundesgerichte sicherlich noch solange leicht ertragen können, solange das Verfassungsrecht als „politisches" Recht eine sauber von den übrigen, also „ihren", Rechtsbereichen getrennte Rechtssphäre unterschieden worden wäre. Doch *zweitens* gelang es im Januar 1958 in der später noch näher erläuterten „Lüth"-Entscheidung,[8] dafür zu sorgen, dass die Grundrechte eine „objektive Werteordnung" etablierten, die auf die gesamte Rechtsordnung, also auch auf privatrechtliche Verhältnisse, ausstrahlte. Dies hatte letztlich zur

---

8   BVerfGE 7, 198 – Lüth (1958).

Konsequenz, dass praktisch alle Rechtsfragen in Verfassungsfragen übersetzt werden konnten, über die zu entscheiden sich das BVerfG zuvor sein Monopol, mit ein wenig Hilfe des Gesetzgebers im Zuge des sogenannten „Gutachterstreits",[9] bereits abgesichert hatte.
Wie konnte es soweit kommen? In machtpolitischen Kategorien gedacht, war die Stellung des BVerfG Anfang der 1950er Jahre durchaus noch prekär. Um seine Geschäfte aufnehmen zu können, musste das BVerfG sogar sein Inventar beim Bundesgerichtshof ausleihen – es war noch weit von seinem späteren Status entfernt. Doch die im Grundgesetz festgeschriebene Idee des richterlichen Prüfungsrechts ließ sich nicht mehr verdrängen. Es bedurfte „lediglich" noch eines selbstbewussten Trägers dieser Idee, also eines Gerichts, um dieser Idee in der Staatspraxis Geltung zu verschaffen.

Bewährungsproben in der Anfangsphase

Die Voraussetzungen für eine wirkungsvolle Verfassungsgerichtsbarkeit waren sicher im Grundgesetz bereits angelegt, vor allem durch die Grundentscheidung, dass es letztlich das Gericht selbst sein sollte, das als maßgeblicher Interpret eben dieser Verfassung dient. Seine verbindliche Deutungsmacht wurde ihm im Grundgesetz ausdrücklich zugewiesen, wenngleich strittig war, ob diese Deutungsmacht von Anfang an monopolistisch, also exklusiv beim BVerfG, angelegt war. Doch es war für das junge Gericht sicher eine gute Ausgangsposition geschaffen. Es kam jedoch entscheidend darauf an, was das Gericht mit seiner ihm vom Parlamentarischen Rat eingeräumten Sonderstellung als Spezialgericht in Verfassungsfragen anzufangen wusste.

Die Wiederbewaffnung Deutschlands

Dass Krisen für neugeschaffene Institutionen auch ungeahnte Chancen in sich bergen, konnte auch das Bundesverfassungsgericht kurz nach seiner Arbeitsaufnahme 1951 unter Beweis stellen. Jedenfalls stand es sogleich im Zentrum des ersten größeren politischen Streits, den die damaligen politischen Parteien untereinander ausfochten. Es ging um die Wiederbewaffnung Deutschlands nur wenige Jahre nach dem Ende der NS-Diktatur. Im Hintergrund dieser scharfen politischen Kontroverse stand aber für das BVerfG die existentielle Frage nach seiner Stellung im Verfassungsgefüge und seiner Rolle im politischen Entscheidungsprozess. Bereits unter

---

9 BVerfGG § 80 Abs. 1.

dem Eindruck des Kalten Krieges stehend und auch auf der strategischen Zielsetzung einer möglichst baldigen und umfangreichen Westintegration basierend, strebte die Regierung Adenauer die Wiedererrichtung einer deutschen militärischen Streitmacht im Rahmen einer Europäischen Verteidigungsgemeinschaft an, ohne allerdings hierfür das Grundgesetz ändern zu wollen (wofür die Adenauer-Regierung die damals vehement opponierende SPD gebraucht hätte). Adenauer hielt dies für verfassungsrechtlich zulässig, die Opposition nicht. Zur Klärung dieser Frage war damals noch vorgesehen, das Gericht um ein Gutachten zu bitten. Doch schon die Frage, welchem der beiden Senate die Frage vorgelegt werden sollte, war heftig umstritten. Anträge ergingen an beide. Der erste Senat, zuständig für Grundrechtsfragen, galt als sozialdemokratisch („roter Senat") zusammengesetzt, während der zweite Senat, verantwortlich für staatsorganisatorische Streitigkeiten, der CDU nahe stand („schwarzer Senat").

Das Gericht tat jedenfalls gut daran, beide Anträge zurückzuweisen. Daraufhin bat der damalige Bundespräsident Theodor Heuss, gedrängt von Adenauer, das gesamte Plenum des Gerichts um ein Gutachten – ein Verfahren, dass das Gericht zu einem bloßen Ratgeber herabgestuft hätte. Doch das Gericht entschied, um seine Autorität besorgt, überraschend, dass auch ein solches Plenargutachten beide Senate in der zukünftigen Rechtsprechung rechtlich binden würde. Daraufhin drängte Adenauer den Bundespräsidenten, sein Ersuchen um ein Gutachten zurückzuziehen, während das Gericht für sein Vorgehen von der Regierung heftig kritisiert wurde. Der damalige Bundesjustizminister Thomas Dehler, dem nach seiner eigenen Wahrnehmung das Gericht gewissermaßen „unterstand", beschied den Robenträgern, „in einer erschütternden Weise von dem Wege des Rechts abgewichen" zu sein und „dadurch eine ernste Krise geschaffen" zu haben (Baring 1969: 423). Doch zu einer Entscheidung in der Sache ist das Gericht nie gekommen, denn das Projekt der EVG scheiterte 1954 an der Französischen Nationalversammlung. Insgesamt demonstrierte dieser Justizkrimi die vom Gericht bereits früh entwickelte Fähigkeit, sich nicht in politische Verstrickungen hineinziehen zu lassen. Allerdings machte der Fall auch deutlich, wo anfangs die Grenzen für das Gericht liegen sollten. Große politische Fragen, zumal in der Außenpolitik, sollten nicht in Karlsruhe, sondern in Bonn entschieden werden.

Die Statusfrage
Der Streit um die deutsche Wiederbewaffnung hat bereits gezeigt, dass zu Beginn der Arbeitsaufnahme des BVerfG noch nicht endgültig geklärt war,

welcher Rang innerhalb des bundesdeutschen Regierungssystems dem Gericht zukam. Ungeklärt war zugleich, welchen Rang es innerhalb des deutschen Gerichtssystems einnehmen sollte. Zu Beginn wurde es noch immer als ein eher gewöhnliches Gericht wie andere Obere Bundesgerichte auch betrachtet, das letztlich wie diese dem Justizministerium unterstellt ist. Verfassungsrechtlich konnte dies kaum anders eingeschätzt werden, zumal das BVerfG verfassungssystematisch als „Organ der Rechtspflege" eingestuft wurde. Den institutionellen Status, den das Gericht heute genießt, musste es sich erst erkämpfen. Es gilt aus heutiger Sicht daher zu Recht als „verspätetes Verfassungsorgan" (Schiffers 1984: VII).

In der schwierigen Anfangszeit der Jahre 1951/52 musste sich das Gericht nicht nur Sachausstattungen ausleihen, sondern auch Personaleinstellungen vom Justizministerium genehmigen lassen. Dies vertrug sich schlecht mit dem schon damals ausgeprägten Selbstbewusstsein des Gerichts, dem die Bedeutung der ihm gestellten verfassungsrechtlichen Kernaufgaben viel klarer war als den damaligen politischen Akteuren. Es ging also darum, der Politik klar zu machen, welche institutionellen Konsequenzen die Schaffung eines Verfassungsgerichts nach sich ziehen mussten, damit es die ihm anvertraute Funktion effektiv erfüllen konnte. Zu diesem Zweck verfasste Gerhard Leibholz als einer der ersten Verfassungsrichter einen Statusbericht, der als Denkschrift vom Gericht übernommen wurde und am 27. Juni 1952 an die Verfassungsorgane Bundespräsident, Bundesregierung, Bundestag und Bundesrat weitergeleitet wurde (Leibholz 1957). Kühn wird in dieser Denkschrift zunächst betont, dass das BVerfG ein „mit allen Garantien richterlicher Unabhängigkeit ausgestatteter, selbstständiger Gerichtshof" sei.

Diese Aussage war zu dieser Zeit sicherlich noch konsensfähig, auch bei den politischen Akteuren. Doch die Schlussfolgerung, die in der Denkschrift aus dieser Erkenntnis mit Blick auf den institutionellen Status des Verfassungsgerichts gezogen wurde, war nicht weniger als ein Akt der Selbstautorisierung: Mit der „Eigenschaft als berufener Hüter der Verfassung" sei das Gericht „zugleich ein mit höchster Autorität ausgestattetes Verfassungsorgan" und stehe deshalb „verfassungsrechtlich dem Bundestag, dem Bundesrat und der Bundesregierung ebenbürtig zur Seite." (BVerfG 1957: 145) Den ausschließlichen Status eines gewöhnlichen Gerichts lehnte man also ab. Mit den anderen oberen Gerichten wie dem Bundesgerichtshof, dem Bundesverwaltungsgericht, dem Bundesarbeitsgericht, dem Bundessozialgericht und dem Bundesfinanzhof wähnte man sich keineswegs auf einer Stufe, sondern positionierte sich über ihnen. Das

BVerfG wollte und musste aus seiner Sicht eben beides sein: ein mit allen Privilegien ausgestatteter Gerichtshof und zugleich ein alle Vorrechte genießendes Verfassungsorgan. Diese Aussagen missfielen vielen Mitgliedern der damaligen Bundesregierung. Vor allem stießen sie beim Bundesjustizministerium auf Ablehnung. Bundesjustizminister Thomas Dehler bat sogleich mit Richard Thoma ausgerechnet den Doktorvater von Gerhard Leibholz um ein entsprechendes Gegengutachten (Menzel 2000: 12). Doch Leibholz' Überlegungen waren in der Sache nur schwerlich zu widerlegen, denn die Alternative war schlicht unlogisch: Wie hätte ein Gericht die Autorität aufbringen können, vom Verfassungsorgan Bundesregierung initiierte und in den Verfassungsorganen Bundestag und Bundesrat beschlossene und schließlich vom Verfassungsorgan Bundespräsident ausgefertigte Gesetze gegebenenfalls zu verwerfen, wenn es als herkömmliches Gericht dem Justizministerium unterstellt gewesen wäre? Von der Dienstaufsicht des Bundesjustizministeriums musste sich das BVerfG aus seiner Sicht unbedingt befreien. Zweifellos rückte das Gericht als Verfassungsorgan damit näher in das politische Kräftefeld der noch jungen Republik, doch dieser Schritt konnte und musste als notwendig erachtet werden. Auch die politischen Akteure haben sich dieser Sichtweise letztlich nicht verschließen können. Das Gericht wurde jedenfalls in der Folge autark: Es bekam seinen eigenen Haushaltstitel und sein eigenes Personal.

Wegmarken der Verfassungsrechtsprechung

Es ist kaum übertrieben zu behaupten, dass das BVerfG dem bundesdeutschen demokratischen Verfassungsstaat wichtige Dienste geleistet hat. Die politische Geschichte der Bundesrepublik Deutschland könnte möglicherweise gar auf der Grundlage seiner Entscheidungen geschrieben werden, weil sich fast jedes große Thema auch bei Gericht wiedergefunden hat. Sicher ist umgekehrt die Erfolgsgeschichte des BVerfG nur im Kontext konkreter sozialer, ökonomischer, politischer und kultureller Entwicklungen zu verstehen, in die die noch junge Bundesrepublik nach dem Ende der NS-Diktatur hineingestellt war. Besonders hervorzuheben ist dabei, wie sich das Gericht von Anfang an die Liberalisierung der deutschen Rechtsordnung und damit auch der Gesellschaft allgemein (Herbert 2006: 96) vorgenommen hatte, die ja in nicht unwesentlichen Bereichen noch immer in der Kontinuität eines überkommenen Justizsystems stand, das sich in der NS-Zeit willfährig in den Dienst einer totalitären Diktatur gestellt hatte.

Das Lüth-Urteil (1958)

Mit den Traditionen der NS-Zeit brach das BVerfG in aller Konsequenz. Insbesondere die jedermann zur Verfügung stehende Verfassungsbeschwerde – ein bis dahin unbekanntes, erst seit 1951 im BVerfGG vorgesehenes, höchst innovatives Instrument zur Ingangsetzung eines verfassungsgerichtlichen Verfahrens – und die mit ihr verbundene Grundrechtejudikatur boten zahlreiche Gelegenheiten, das anfangs noch fragile Gebilde eines demokratischen Verfassungsstaats auf den richtigen Weg zu bringen. Hierfür musste man aber, so wie es die damaligen Bundesverfassungsrichter sahen, mit überkommenen Rechtsauffassungen gründlich aufräumen. Geradezu legendär in diesem Zusammenhang ist das bereits angesprochene „Lüth"-Urteil,[10] dem ein Sachverhalt und vorangegangene justizielle Auseinandersetzungen zugrunde liegen, die noch stark von eben diesen überkommenen Rechtsauffassungen geprägt waren.

Der damalige Hamburger Senatsdirektor und Leiter der Staatlichen Pressestelle der Freien und Hansestadt Hamburg Erich Lüth rief zu einem Boykott eines Films von Veit Harlan auf, der in der NS-Zeit den berüchtigten Propagandafilm *Jud Süß* gedreht hatte. Mit diesem Film aus dem Jahre 1940 wurde die damalige Öffentlichkeit tendenziös beeinflusst; er trug sicher seinen Teil dazu bei, den geistigen Nährboden für die Verfolgung und Ermordung der Juden im „Dritten Reich" zu bereiten. Nach dem Krieg gelang es Harlan dennoch, schnell wieder Fuß zu fassen. Nachdem er von einem Schwurgericht wegen seiner Verstrickungen als Propagandafilmer im „Dritten Reich" freigesprochen wurde, sollte sein erster Nachkriegsfilm *Unsterbliche Geliebte* bald in den Kinos anlaufen. Erich Lüth kritisierte Harlan als „unwürdigen Repräsentanten des deutschen Films" und forderte Filmverleiher und -produzenten als „anständige Deutsche" dazu auf, Harlan und seinen neuen Film zu boykottieren. Die Verleihfirma klagte mit Erfolg vor dem Landgericht Hamburg auf Unterlassung dieses Boykottaufrufs. Der Klage wurde stattgegeben, weil Harlan erstens zuvor vom Schwurgericht freigesprochen wurde, und zweitens, weil durch Lüths Boykottaufruf der Verleihfirma ein erheblicher Vermögensschaden drohe. Der Aufruf zum Boykott erfülle damit den Tatbestand von § 826 BGB und sei daher eine „sittenwidrige vorsätzliche Schädigung". Lüth wollte es

---

10 BVerfGE 7, 198 – Lüth (1958); im Anschluss bestätigt und gefestigt durch BVerfGE 25, 256 – Blinkfüer (1969).

damit jedoch nicht sein Bewenden lassen, berief sich auf sein Grundrecht der Meinungsfreiheit und legte Verfassungsbeschwerde ein.

Nach der damals noch herrschenden Meinung im Zivil- und auch im Verfassungsrecht schien Lüths Unterfangen zum Scheitern verurteilt; zivilrechtlich, weil Lüth mit seinem Boykottaufruf gem. § 826 BGB eindeutig „sittenwidrig" gehandelt habe, was durch eine Unterlassungsverfügung vermeintlich völlig zu Recht gerichtlich zu unterbinden war. Darüber hinaus schien es auch verfassungsrechtlich keine Handhabe zu geben, um gegen die zivilgerichtliche Entscheidung vorzugehen: Grundrechte wirkten nach damaligem Verständnis ausschließlich als Abwehrrechte gegen den Staat, regelten also die Beziehungen zwischen dem einzelnen Grundrechtsträger und den staatlichen Behörden, was vom BVerfG zu Beginn seiner Ausführungen im Urteil genau so bestätigt wurde. In dem Rechtsstreit ging es jedoch darum, ob Grundrechte auch Schutzrechte im Verhältnis von Bürger zu Bürger begründen können. Das war ein völlig neuer Gedanke. Vor dem Hintergrund dieser Ausgangssituation kam die Entscheidung des Gerichts, dass Lüths Boykottaufruf tatsächlich durch die Meinungsfreiheit in Art. 5 des Grundgesetzes gedeckt sei, völlig überraschend.

Doch es ging in diesem Urteil um weit mehr, als nur Lüth in seinem Grundrecht zu schützen. Das Gericht nutzte die Gelegenheit, um die bedeutende Rolle *aller* Grundrechte bei der Interpretation der gesamten Rechtsordnung zu unterstreichen. Es beließ es also nicht dabei, Grundrechte lediglich als „Abwehrrechte" gegen den Staat zu interpretieren. Das waren und sind sie im klassischen Sinne tatsächlich, aber eben nicht nur, denn, so heißt es im ersten Leitsatz des Urteils, in den Grundrechtsbestimmungen des Grundgesetzes

> *verkörpert sich [...] auch eine objektive Wertordnung, die als verfassungsrechtliche Grundentscheidung für alle Bereiche des Rechts gilt.*

Nach dieser Aufwertung der Grundrechte zu einer „objektiven Wertordnung" folgt das Gericht nun, dass die „allgemeinen Gesetze", die das Grundrecht auf freie Meinungsäußerung beschränken, im Lichte der besonderen Bedeutung dieses Grundrechts für den freiheitlichen demokratischen Staat ausgelegt werden müssen. Im Fall „Lüth" führte dieses Vorgehen des Gerichts zu folgendem Ergebnis:

> *Eine Meinungsäußerung, die eine Aufforderung zum Boykott enthält, verstößt nicht notwendig gegen die guten Sitten im Sinne des § 826 BGB; sie kann bei Abwägung aller Umstände des Falles durch die Freiheit der Meinungsäußerung verfassungsrechtlich gerechtfertigt sein. (7. Leitsatz)*

Bei der Betrachtung dieses Urteils sollte nicht übersehen werden, dass die möglichst expansive Auslegung der Grundrechte auch den institutionellen Eigeninteressen des BVerfG diente. Wenn die Verfassungsrichter im Urteil „Lüth" betont haben, dass die Grundrechte ein Wertesystem aufgerichtet hätten, das im gesamten Recht beachtet werden muss, dann sicherte sich das BVerfG für die Zukunft – auch gegen die Konkurrenz der oberen Bundesgerichte – die prozessuale Option, jedes zivilgerichtliche Urteil vollumfänglich auf seine Grundrechtskonformität hin zu überprüfen (Wahl 2005). En passant hatte das BVerfG damit auch seine möglichen Rivalen, insbesondere den Bundesgerichtshof sowie das Bundesarbeitsgericht, buchstäblich auf die hinteren Plätze verwiesen. In „Lüth" ging es freilich um mehr als um die Positionskämpfe des noch jungen BVerfG im Konzert der Gerichtsbarkeiten. Betrachtet man die bestehenden Gesetze aus dieser neuen, vom Gericht entwickelten Grundrechtsperspektive, dann musste dies fast automatisch zu einer Liberalisierung der gesamten Rechtsordnung führen, solange das BVerfG selbst an liberalen Leit-und Ordnungsideen festhielt, die sie den Grundrechten als „objektive Wertordnung" entnahmen. Nichts machte dies deutlicher als die im Lüth-Urteil vorgenommene besondere Betonung des Rechts auf Meinungsfreiheit, das nunmehr nicht mehr nur als Abwehrrecht gegen den Staat interpretiert wurde, sondern als ein dem Grundgesetz zu entnehmender objektiver, für den Aufbau eines demokratischen Staatswesens konstituierender und damit unverzichtbarer Wert. Ganz entgegen den autoritären Traditionen des Kaiserreichs, die sich etwa im wirkmächtigen Gebot „Ruhe ist die erste Bürgerpflicht" zeigten, unterstrichen die Richter die demokratieermöglichende Rolle der öffentlichen Auseinandersetzung und des Streits:

> *Das Grundrecht auf freie Meinungsäußerung ist als unmittelbarster Ausdruck der menschlichen Persönlichkeit in der Gesellschaft eines der vornehmsten Menschenrechte überhaupt [...]. Für eine freiheitlich-demokratische Staatsordnung ist es schlechthin konstituierend, denn es ermöglicht erst die ständige geistige Auseinandersetzung, den Kampf der Meinungen, der ihr Lebenselement ist [...]. Es ist in gewissem Sinn die Grundlage jeder Freiheit überhaupt.*[11]

Die Verfassungsrichter sahen Deutschland ideengeschichtlich auf seinem „langen Weg nach Westen" (Winkler 2005) angekommen, denn sie stützen wie selbstverständlich diese Urteilspassagen auf anglo-amerikanische

---

11 BVerfGE 7, 198 (208).

Autoritäten wie John Stuart Mill, den englischen politischen Theoretiker der Meinungsfreiheit schlechthin, und auf die berühmte Definition der Meinungsfreiheit des amerikanischen Bundesrichters Benjamin N. Cardozo.

Anwalt für die Freiheit
Die Meinungs- und Pressefreiheit stand von nun an unter besonderem Schutz der Richterinnen und Richter in Karlsruhe. Von nicht zu unterschätzender Bedeutung für die Entwicklung des Grundrechts auf Meinungs- und Pressefreiheit (Art. 5 GG) in der noch jungen Demokratie war vor allem der vom Gericht entschiedene Bund-Länder-Streit um die Gründung der „Deutschland Fernsehen GmbH" im Jahre 1961.[12] Adenauers politisches Prestigeobjekt eines Bundesrundfunks – Kritiker sprachen abfällig vom „Regierungsfernsehen" – wurde vom Gericht kurzerhand mit dem Verdikt der Verfassungswidrigkeit belegt. Für den Bundeskanzler war dies eine schallende Ohrfeige, die dieser mit folgender Bemerkung kommentierte: „Das Kabinett war sich darin einig, dass das Urteil des BVerfG falsch ist, meine Damen und Herren."[13] Auch später betonte das Gericht immer wieder, wie essentiell eine staatsferne und vielfältige Medienlandschaft für eine demokratische Gesellschaft sei. Seinen liberalen Grundsätzen sollte das Gericht in der Folgezeit auch in juristisch ganz unterschiedlich gelagerten Fällen eisern treu bleiben, wie etwa seine Entscheidungen zur Spiegel-Affäre[14], zur Versammlungsfreiheit im Allgemeinen[15] und zu Sitzblockaden[16] im Besonderen unter Beweis gestellt haben. Auch die 1995 heftig umstrittene, gleichwohl im Lichte der mit *Lüth* beginnenden Rechtsprechungslinie zur Meinungsfreiheit konsequente Entscheidung „Soldaten sind Mörder"[17] steht in dieser liberalen Tradition.

Um Liberalität im gesellschaftlichen und ökonomischen Sinne machte sich das Gericht ebenfalls verdient. Einen ersten wichtigen Pflock für seine die Freiheitsgrundrechte besonders schützende Verfassungsinterpretation

---

12 BVerfGE 12, 205 – Deutschland Fernsehen GmbH (1961).
13 Zitat entnommen bei Menzel (2000), 122.
14 BVerfGE 20, 162 – Spiegel (1966).
15 BVerfGE 69, 315 – Brokdorf (1985).
16 BVErfGE 92, 1 – Sitzblockaden (1995).
17 BVerfGE 93, 266 – Soldaten sind Mörder (1995). Wie sehr „*Lüth*" noch der richterlichen Entscheidungsfindung und -begründung in der knapp 40 Jahre später ergangenen *Soldaten sind Mörder*-Entscheidung gedient hat, zeigt sich daran, dass es nicht weniger als acht Mal (!) in diesem Urteil zitiert wurde.

schlug das Gericht bereits im Januar 1957 mit seinem *Elfes*[18]-Urteil ein, in dem es in Art. 2 Abs. I GG einen Schutz umfassender Handlungsfreiheit erblickte und es so zu einem Auffanggrundrecht machte, auf das jedermann sich berufen konnte, sofern für die mutmaßliche Grundrechtsverletzung kein spezielleres Freiheitsgrundrecht einschlägig ist. Wie weit hierdurch der Schutzbereich des Art. 2 Abs. 1 GG ausgedehnt wurde, zeigt sehr schön ein über 30 Jahre später ergangenes Urteil des BVerfG.[19] Dort interpretierten die Richterinnen und Richter das „Reiten im Walde" ganz selbstverständlich als grundrechtlich geschützte, freie Entfaltung der Persönlichkeit. Selbst noch beim deutlich wichtigeren Urteil zum „Großen Lauschangriff"[20] fast 50 Jahre später wurde die in *Elfes* entwickelte Definition des „unantastbaren Kernbereichs privater Lebensgestaltung" als Hürde für den (Verfassungs-)Gesetzgeber aufgestellt. Mit *Elfes* wurde jedenfalls schon früh ein praktisch lückenloser Grundrechtsschutz für fast jedes menschliche Tun oder Unterlassen anerkannt. Der einzelne Bürger sollte so nach dem Willen des BVerfG in höchstmöglichen Umfang Freiheit vor ungesetzlichen Eingriffen genießen. Umgekehrt war auch der Gesetzgeber vorgewarnt, denn der musste nunmehr streng darauf achten, mit seinen freiheitsverkürzenden Gesetzen die Freiheit der Bürger nicht zu stark bzw. unverhältnismäßig zu beschneiden, da sonst das Veto aus Karlsruhe drohte.

Der Ausbau der Freiheit des Bürgers durch Rechtsprechung bildete sich in der Folge jedoch zumeist an der weiten Auslegung speziellerer Grundrechte heraus. So entwickelte das Gericht z. B. nach einer expansiven Auslegung des Grundrechts auf Berufsfreiheit (Art. 12 GG) im „Apotheken-Urteil"[21] Maßstäbe gegen wirtschaftlichen Dirigismus, Protektionismus und Obrigkeitsdenken. Auch später noch demonstrierte das Gericht seine liberale Grundausrichtung in einer Reihe von Weg weisenden Entscheidungen: Hierzu zählt etwa die Entscheidung gegen den sogenannten „Stichentscheid" (zugunsten des Vaters) in Fragen der Kindererziehung.[22] Zwar basiert dieses Urteil verfassungsrechtlich eher auf dem allgemeinen Gleichheitssatz (Art. 3 Abs. 1 GG) sowie auf dem grundgesetzlichen Gebot der Gleichberechtigung von Mann und Frau in Art. 3 Abs. 2 GG, doch

---

18 BVerfGE 6, 32 – Elfes (1957).
19 BVerfGE 80, 137 – Reiten im Walde (1989).
20 BVerfGE 109, 279 – Großer Lauschangriff (2004).
21 BVerfGE 7, 377 – Apotheke (1958).
22 BVerfGE 10, 59 – Elterliche Gewalt (1959).

hatte diese Judikatur ebenso liberalen wie progressiven Charakter, denn sie führte mit der Befreiung der Frauen von sie diskriminierendem Recht[23] zur Modernisierung der Gesellschaft. Obwohl streng juristisch nicht immer miteinander vergleichbar, schlossen sich dieser liberalen Rechtsprechungstradition viele weitere Entscheidungen an. Im Volkszählungsurteil[24] von 1983 etwa entwickelte das Gericht das gerade im Internetzeitalter zunehmend an Bedeutung gewinnende Grundrecht auf „informationelle Selbstbestimmung". Zwar sucht man ein solches explizites Grundrecht im Grundgesetz vergebens, doch das Gericht griff hierfür wieder auf das bereits in *Elfes* entwickelte Auffanggrundrecht des „allgemeinen Persönlichkeitsrechts" zurück. Gegen die im damaligen Volkszählungsgesetz zum Ausdruck kommenden Begehrlichkeiten des Staates, über seine Bürgerinnen und Bürgern möglichst viele Informationen zu sammeln, hielt das Gericht fest:

> *Unter den Bedingungen der modernen Datenverarbeitung wird der Schutz des Einzelnen gegen unbegrenzte Erhebung, Speicherung, Verwendung und Weitergabe seiner persönlichen Daten von dem allgemeinen Persönlichkeitsrecht [. . .] umfasst. Das Grundrecht gewährleistet insoweit die Befugnis des Einzelnen, grundsätzlich selbst über die Preisgabe und Verwendung seiner persönlichen Daten zu bestimmen (1. Leitsatz).*

Das „Grundrecht auf informationelle Selbstbestimmung" kam zuletzt im viel beachteten Urteil zur „Vorratsdatenspeicherung"[25] zwar nicht direkt zur Anwendung (hierfür war mit Art 10 GG das speziellere „Postgeheimnis" einschlägig), doch schlugen die Richterinnen und Richter 2010 in Anknüpfung an die bereits im „Volkszählungsurteil" entwickelten Argumente im Sinne der Freiheitssicherung des einzelnen Bürgers in dieselbe Kerbe: „Dass die Freiheitswahrnehmung der Bürger nicht total erfasst und registriert werden darf, gehört zur verfassungsrechtlichen Identität der Bundesrepublik Deutschland."[26] Die sechsmonatige, vorsorglich anlasslose Speicherung von Telekommunikationsverkehrsdaten sei zwar mit

---

23 Insbesondere folgende Passagen des BGB sind als verfassungswidrig verworfen worden: § 1628 Abs. 1:„Können sich die Eltern nicht einigen, so entscheidet der Vater [. . .]." und § 1629 Abs. 1:„Die Vertretung des Kindes steht dem Vater zu."
24 BVerfGE 65, 1 – Volkszählung (1983).
25 BVerfGE 125/260 – Vorratsdatenspeicherung (2010).
26 BVerfGE 125/260 (324).

dem Postgeheimnis nicht schlechthin unvereinbar. Doch so nachlässig und unsensibel für Datenschutzbelange, wie der Bundesgesetzgeber diesen Grundrechtseingriff nach einer Vorgabe des europäischen Rechts gesetzlich geregelt hatte, ist er vom BVerfG glatt verworfen worden. Das BVerfG bleibt, so kann dieses Urteil auch interpretiert werden, weiterhin der Anwalt für die Freiheit der Bürgerinnen und Bürger.

Fürsorge für die Demokratie

Viele Entscheidungen des BVerfG unterstützten die Konsolidierung und Weiterentwicklung der zweiten deutschen Demokratie. Das Gericht entwickelte von Anfang an ein besonderes Faible für Minderheiten im politischen Prozess. Es unterstrich deshalb häufig die Bedeutung des Mehrparteiensystems und die Rolle einer funktionsfähigen (parlamentarischen) Opposition.[27] Um diese zu stärken, ergingen eine Reihe wichtiger Urteile auf Kosten der Bundesregierung.[28] Im Jahre 1977 verbot man etwa der Bundesregierung eine zu expansive Öffentlichkeitsarbeit, weil diese gegen das Demokratieprinzip und die Chancengleichheit im Wahlkampf verstoße.[29] Die damals die Regierung tragenden Parteien SPD und FDP missbrauchten die von Haushaltsmitteln finanzierte regierungsamtliche Öffentlichkeitsarbeit, indem sie für die Bundestagswahl 1976 in großem Umfang regierungsamtliche Anzeigen, Faltblätter und sonstige Publikationen erstellen ließ und diese im Wahlkampf verwendete. Das Gericht verurteilte diesen Missbrauch und schrieb der Bundesregierung zur Begründung einige bemerkenswerte demokratietheoretische Lehrsätze ins Stammbuch:

> *Der hervorragenden Bedeutung, die in diesem Prozess den politischen Parteien zukommt, hat das Grundgesetz dadurch Ausdruck verliehen, dass es ihnen einen verfassungsrechtlichen Status zuerkannt hat (Art. 21 GG). Er gewährleistet nicht nur ihre freie Gründung und Mitwirkung an der politischen Willensbildung des Volkes, sondern sichert diese Mitwirkung auch durch Regeln, die ihnen gleiche Rechte und gleiche Chancen gewähren.*[30]

---

27 Am eingängigsten ausgerechnet im KPD-Verbotsurteil: BVerfGE 5, 85 (198ff.) – KPD-Verbot (1956).
28 BVerfGE 44, 125 – Öffentlichkeitsarbeit (1977); BVerfGE 67, 100 – Flick-Untersuchungsausschuss (1984); BVerfGE 70, 324 – Haushaltskontrolle der Geheimdienste (1986).
29 BVerfGE 44, 125 – Öffentlichkeitsarbeit (1977).
30 BVerfGE 44, 125 (139).

Dieses Recht der politischen Parteien auf Chancengleichheit wird verletzt, wenn „Staatsorgane als solche parteiergreifend zugunsten oder zu Lasten einer politischen Partei oder von Wahlbewerbern in den Wahlkampf einwirken" (3. Leitsatz). Diese parteiergreifende Einwirkung von Staatsorganen in die Wahlen „ist auch nicht zulässig in der Form von Öffentlichkeitsarbeit. Die Öffentlichkeitsarbeit der Regierung findet dort ihre Grenze, wo die Wahlwerbung beginnt" (4. Leitsatz). Mit diesem Urteil hat das Gericht vor allem die Rolle der Opposition im Regierungssystem gestärkt. Ihr ging es dabei um das der Demokratie inhärente Prinzip der Alternanz, d. h. darum, dass der Minderheit von heute nicht die Chance genommen werden darf, zur Mehrheit von morgen zu werden.[31]

In dieser minderheitenfreundlichen Tradition liegen auch weitere Urteile des BVerfG, so z. B. in einem von den damaligen Oppositionsparteien CDU und CSU 2001 initiierten Organstreitverfahren, das ein Jahr später entschieden wurde.[32] Damals schwelte die CDU-Parteispendenaffäre, die SPD und Bündnis 90/Die Grünen als Mehrheitsfraktionen Ende 1999 zum willkommenen Anlass nahmen, einen parlamentarischen Untersuchungsausschuss einzurichten. Dieser Untersuchungsausschuss blieb zwei Jahre tätig, bevor die rot-grüne Ausschussmehrheit im Hinblick auf die 2002 endende Legislaturperiode die Auflösung des Ausschusses und die Ausarbeitung eines Abschlussberichts beschloss. Zu diesem Zeitpunkt waren jedoch heikle Beweisanträge der CDU/CSU-Fraktion, die möglicherweise auch Verfehlungen der amtierenden Regierung Schröder hätten aufdecken können, noch nicht abgearbeitet. Die CDU-Opposition musste so erfahren, dass im Ausschuss bereits getroffene diesbezügliche Beweisbeschlüsse von der rot-grünen Bundesregierung systematisch übergangen wurden. Ihr drängte sich daher zu Recht der Eindruck auf, bei der Gestaltung des Untersuchungsausschusses letztlich ohne echten Einfluss gewesen zu sein, weil nur *ihre* damaligen Verfehlungen hinsichtlich fragwürdiger Parteispenden im Ausschuss öffentlichkeitswirksam verhandelt wurden. Das Gericht gab der damaligen Opposition Recht. Es stellte unmissverständlich klar, dass der Mitgestaltungsanspruch der Minderheit bei Untersuchungsausschüssen zwar nicht weiterreichen dürfe als derjenige der Mehrheit, diesem jedoch gleichkom-

---

31 BVerfGE 44, 125 (142).
32 BVerfGE 105, 197 – Minderheitsrechte im Untersuchungsausschuss (2002).

men soll. Den Beweisanträgen der Minderheit, so das Gericht im 3. Leitsatz, müsse deshalb grundsätzlich Folge geleistet werden.

Neben den Parteien, insbesondere jenen der Opposition, erfuhr auch das Parlament als Ganzes eine besondere Wertschätzung durch das BVerfG. Ganz grundsätzlich stellte das Gericht in seiner „Wesentlichkeitstheorie" wiederholt klar, dass alle „grundlegenden" und „wesentlichen" Entscheidungen alleine vom (parlamentarischen) Gesetzgeber getroffen werden dürfen.[33] Wesentlich und damit unter dem Vorbehalt des Parlaments und seiner Gesetze stehend sind Entscheidungen z. B. immer dann, wenn in den Schutzbereich von Grundrechten eingegriffen und dadurch deren Reichweite beschränkt wird. In der Parlamentspraxis von großer Bedeutung ist ein Urteil, in dem die Kontrollrechte der parlamentarischen Untersuchungsausschüsse gegenüber der Regierung gestärkt wurden, wie etwa in der Entscheidung zum „Flick-Untersuchungsausschuss"[34]. Das Gericht stellte dort u. a. fest, dass sich das Beweiserhebungsrecht von parlamentarischen Untersuchungsausschüssen nach Art. 44 Abs. 1 GG auch auf das Recht auf Vorlage der Akten durch die Bundesregierung erstreckt (2. Leitsatz). Die Kontrollrechte des Parlaments stärkte das BVerfG auch zwei Jahre danach, indem es feststellte, dass die Regierung die Pflicht habe, dem Informationsbedürfnis des Parlaments zu genügen und auch einem einzelnen Abgeordneten ein Teilhaberecht an den Informationen zustehe. Allerdings hat das Gericht in diesem speziellen Fall eine Pflichtverletzung seitens der Bundesregierung verneint.[35]

Diese sehr bruchstückhafte Übersicht einiger wichtiger Urteile des BVerfG mit engerem Bezug zum parlamentarischen Regierungssystem[36] illustrieren, wie sich das Gericht geradezu fürsorglich um die zweite deutsche Demokratie gekümmert hat. Hervorzuheben ist dabei vor allem

---

33 BVerfGE 47, 46 – Sexualkundeunterricht (1977), BVerfGE 49, 48 – Kalkar I (1978).
34 BVerfGE 67, 100 – Flick-Untersuchungsausschuss (1984).
35 BVerfGE 70, 324 – Haushaltskontrolle der Geheimdienste (1986).
36 Um nicht den Rahmen zu sprengen, blieben an dieser Stelle viele Urteile jüngeren Datums ausgeklammert, die die Rechte des Bundestags gegenüber der Bundesregierung in Fragen der europäischen Integration gestärkt haben. Vgl. nur BVerfGE 123, 167 – *Lissabon* (2009), BVerfGE 129, 124 – EFS (2011), BVerfGE 131, 152 – Unterrichtspflicht (2012). Vgl. ausführlich Höreth (2012) und Kranenpohl (2013: 94 ff.).

seine besondere Wertschätzung nicht nur für Parlamentsrechte im Allgemeinen und die Rechte der parlamentarischen Minderheiten im Besonderen, sondern auch und gerade für die politischen Parteien, für die man noch in der Weimarer Republik keine stimmige verfassungsrechtliche Würdigung entwickeln wollte. Angetrieben schon von Gerhard Leibholz wurden die politischen Parteien verfassungsrechtlich so stark aufgewertet, dass man fürderhin davon sprach, die Demokratie des Grundgesetzes entwickle sich unter dem Einfluss der Rechtsprechung zum regelrechten „Parteienstaat". Möglicherweise ist das Gericht dabei ein wenig über das Ziel hinausgeschossen (Hennis 1992). Doch angesichts des Anti-Parteien-Affekts noch zu Zeiten der Weimarer Republik eine damals wohl notwendig erscheinende Reaktion, um die für moderne Demokratien unentbehrliche Rolle von Parteien zu unterstreichen und im gesellschaftlichen Bewusstsein zu verankern. Zwar hat das BVerfG die Funktionslogik des parlamentarischen Regierungssystems nicht immer vollständig erfasst (Patzelt 1999), doch hat es gerade mit seiner Rechtsprechung zum parlamentarischen Mehrheitsprinzip zu dessen Akzeptanz entscheidend beigetragen. Vielleicht ist der Beitrag, den das BVerfG dazu erbringen konnte, dass sich die Deutschen nicht nur mit der Demokratie versöhnten, sondern sogar loyale Anhänger von ihr geworden sind, historisch betrachtet seine wichtigste Leistung gewesen.

3 Organisation der Verfassungsgerichtsbarkeit

3.1 „Isolierte" Verfassungsgerichtsbarkeit

Die Erfolgsgeschichte des BVerfG wirft nicht zuletzt die Frage auf, auf welcher organisatorischen Basis diese gründet. Je nachdem, wie die Verfassungsgerichtsbarkeit organisiert ist, findet sie günstige oder weniger günstige Voraussetzungen vor, um die ihr übertragenen Aufgaben wahrnehmen zu können. Auch sind Organisationsfragen bereits Machtfragen: Sie geben in der Sphäre der Dritten Gewalt nicht nur den Ausschlag dafür, ob ein Verfassungsgericht seine ihm übertragenen Aufgaben zur Zufriedenheit aller erfüllen kann, sondern sie entscheiden auch darüber, ob es sich als machtvoller Akteur etablieren kann.

Die Rahmendaten zur Organisation des BVerfG sind schnell aufgezählt und erscheinen recht unspektakulär. Zunächst fällt auf, dass das BVerfG als Zwillingsgericht organsiert ist, bestehend aus zwei einander gleichgeordneten Senaten mit jeweils acht Richtern (zu Beginn waren noch zwölf Mitglieder vorgesehen). Eine Grundsatzentscheidung, die nicht auf die Mütter und Väter des Grundgesetzes zurückgeht, sondern auf den Willen des Gesetzgebers im Bundesverfassungsgerichtsgesetz (BVerfGG). Diese Zweiteilung entspricht der Doppelrolle des Gerichts als Grundrechtsgericht und Staatsgerichtshof. Der Erste Senat ist im Schwerpunkt für Grundrechtsfragen zuständig, der Zweite Senat für staatsorganisatorische Streitigkeiten. Mit der Natur als Zwillingsgericht ist jedoch ein gewisses Maß an Ungleichförmigkeit der Rechtsprechung verbunden, wenn beide Senate – aufgrund der sich teilweise überschneidenden Zuständigkeiten – bei ähnlichen Sachverhalten zu unterschiedlichen Wertungen kommen. Wenn ein Senat in einer Rechtsfrage von der Rechtsauffassung des anderen, die eine vorangegangene Entscheidung getragen hat, abweichen will, kann darüber das Plenum entscheiden, wenn es von dem für das aktuell anstehende Verfahren zuständigen Senat angerufen wird. Es gibt aber immer wieder Fälle, in denen ein Senat ohne Anrufung des Plenums von der Rechtsprechung des anderen Senats abgewichen ist (Schlaich/Korioth 2012: 26). Die Senate sind in sich seit 1956 in aus drei Richtern zusammengesetzte

Kammern unterteilt, die früher als Vorprüfungsausschüsse bezeichnet wurden. Ihre Einrichtung ist eine Reaktion auf die sich schon bald einstellende Arbeitslast des Gerichts gewesen, die vor allem auf die Einführung von Verfassungsbeschwerden zurückzuführen ist. Diese Kammern organisieren das sogenannte Annahmeverfahren und bewältigen die Vielzahl an Verfassungsbeschwerden sowie seit jüngster Zeit auch die konkreten Normenkontrollen. Insgesamt erledigen die Kammern mehr als 99 Prozent der ca. 6500 Verfahren im Jahr, wobei sie — ohne mündliche Verhandlung — einstimmig entscheiden. Trotz dieser organisatorischen Binnendifferenzierung entscheiden Plenum, Senate und schließlich auch die Kammern als *Das Bundesverfassungsgericht*.[37] Unterstützt werden die Richterinnen und Richter durch jeweils durchschnittlich vier wissenschaftliche Mitarbeiterinnen und Mitarbeiter (anfangs lediglich einer pro Richter). Sitz des Bundesverfassungsgerichts ist in Karlsruhe. Mit dieser Standortentscheidung, fernab des Regierungsbetriebs in Bonn und später Berlin, sollte die Unabhängigkeit des höchsten deutschen Gerichts zum Ausdruck gebracht werden.

Organisationsfragen, die die Stellung des BVerfG im Regierungssystem, aber auch im Gerichtswesen betreffen, sind demgegenüber von ungleich größerer Bedeutung. Der Parlamentarische Rat hat sich hinsichtlich der organisatorischen und funktionellen Ausstattung des BVerfG mit wenigen Eckdaten begnügt, die im weiteren Verlauf vom Gesetzgeber (und vom Gericht selber) stärker ausdifferenziert werden mussten. Dass das Gericht sich so stark entwickeln konnte, ist sicher wesentlich auf seine Eigenschaft als institutionell verselbstständigte, d. h. „isolierte" Verfassungsgerichtsbarkeit zurückzuführen. Bei den Beratungen des Parlamentarischen Rats wurde zwar immer wieder Bezug auf den Weimarer Staatsgerichtshof und den *US Supreme Court* genommen, doch am Ende entschieden sich die Mütter und Väter des Grundgesetzes für ein Modell, dass sich an den österreichischen Verfassungsgerichtshof anlehnte, mit diesem jedoch keineswegs deckungsgleich war. Von der konzentrierten und isolierten Verfassungsgerichtsbarkeit erwartete der Parlamentarische Rat am ehesten, dass sie der übergeordneten Aufgabe des Schutzes der Verfassung gerecht wird.

In vergleichender Perspektive fällt dagegen auf, dass die Verfassungsgerichtsbarkeit in den meisten westlichen Verfassungsstaaten bei den or-

---

37 BVerfGE 1, 14 (29).

dentlichen Gerichten („diffuse" Verfassungsgerichtsbarkeit) und nicht bei besonderen Verfassungsgerichtshöfen liegt. Es hängt von der rechtskulturellen Tradition des Landes ab, für welches Modell es sich entscheidet. Die „isolierte" Verfassungsgerichtsbarkeit, für die sich in Westeuropa z. B. Italien und Spanien nicht zuletzt als Konsequenz ihrer faschistischen Vergangenheit entschieden haben, führt nicht notwendigerweise zu einer größeren Reichweite und politischen Wirksamkeit der Verfassungsrechtsprechung als in jenen sich der „diffusen" Verfassungsgerichtsbarkeit verschreibenden Staaten. Obwohl keine spezialisierten Verfassungsgerichte, können ordentliche oberste Revisionsgerichte wie der *US Supreme Court*, aber auch z. B. das Schweizer Bundesgericht, eine das gesellschaftliche und politische Leben stark beeinflussende Rechtsprechung ausüben. Seit der *Supreme Court* in Kanada sich mit der Einführung des Grundrechtskatalogs im Verfassungsgesetz von 1982 von seinen letzten verfassungsrechtlichen Bindungen zu Großbritannien loslöste, spielt auch er als letzte Revisionsinstanz eine stärkere Rolle in der Verfassungspraxis des Landes (Walker 1997). Umgekehrt gibt es spezialisierte Verfassungsgerichtshöfe, deren politische Wirkung vergleichsweise gering ist, wie es etwa beim Österreichischen Verfassungsgerichtshof zu beobachten ist, der sich traditionell eine größtmögliche richterliche Zurückhaltung auferlegt, was seinen Einfluss in der österreichischen Politik beträchtlich schmälert.

In rechtspraktischer Hinsicht erscheint es vorteilhaft, die der Idee der Verfassungsgerichtsbarkeit immanente Kompetenz der Normenverwerfung bei einem spezialisierten Gericht zu monopolisieren, damit nicht jedes beliebige Gericht parlamentarische Gesetze aufheben kann und es so — je nachdem, welcher Spruchkörper es mit dem entsprechenden Gesetz zu tun hatte — zu unterschiedlichen Auffassungen über dessen Geltung kommt. Bis heute abgelehnt wird in der deutschen Staatsrechtslehre damit das Organisationsmodell des *US Supreme Court*, nach dem das Höchstgericht zugleich die Aufgaben eines letztinstanzlichen Verfassungsgerichts wahrnimmt. Die Alternative, die institutionelle Trennung von Fachgerichtsbarkeit und Verfassungsgerichtsbarkeit, findet bis heute deutlich mehr Anhänger (Schlaich/Korioth 2012: 1 ff.). Nachdem sich auch in Osteuropa viele Staaten nach dem Fall des Eisernen Vorhangs 1989 bei der Einrichtung ihrer Verfassungsgerichtsbarkeit am BVerfG orientierten (Grimm 1999: 305), räumen auch Experten für das US-amerikanische System ein, dass das deutsche Verfassungsgericht in den letzten Jahrzehnten dem US-amerikanischen Modell der Verfassungsgerichtsbarkeit den Rang abgelaufen habe (Kommers 1998: 788). Nach diesem deutschen

Modell steht ein institutionell verselbstständigtes Verfassungsgericht den Fachgerichten gegenüber – Vorbild hierfür ist nach wie vor der 1920 eingerichtete österreichische Verfassungsgerichtshof, dem für die ordentliche Gerichtsbarkeit der Oberste Gerichtshof und für die Verwaltungsgerichtsbarkeit der Verwaltungsgerichtshof auf einer Ebene gegenüber stehen. Doch unterscheidet sich das Modell des BVerfG in mehrerlei Hinsicht erheblich vom österreichischen Verfassungsgerichtshof. Während dieser keine Rechtsprechungsgewalt gegenüber den beiden anderen Höchstgerichten besitzt, beansprucht das BVerfG diese Rechtsprechungsgewalt gegenüber allen Gerichtszweigen (Zivil-, Straf-, Verwaltungs-, Finanz-, Arbeits- und Sozialgerichtsbarkeit). Dies wird bei der sogenannten Urteilsverfassungsbeschwerde deutlich. Ein Grundrechtsberechtigter kann die Verletzung eigener Grundrechte durch die Entscheidung eines Fachgerichts rügen. Das BVerfG kann, sofern es die Begründetheit der Verfassungsbeschwerde anerkennt, dessen Urteil aufheben. In diesem Sinne wirkt das BVerfG doch wie eine „Superrevisionsinstanz", welche es eigentlich nicht sein möchte,[38] und nähert sich so wieder, zwar vom österreichischen Modell ausgehend, dem US-amerikanischen Modell des *Supreme Court* an. Folgerichtig wird die vom Grundgesetz und im BVerfGG angelegte, letztlich aber auch vom Gericht selbst entwickelte Verfassungsgerichtsbarkeit als Pyramidenmodell bezeichnet. Das BVerfG sitzt vor allem wegen der Urteilsverfassungsbeschwerde an der Spitze dieser Pyramide.

Nachteil einer solchen spezialisierten und „isolierten" Verfassungsgerichtsbarkeit kann es sein, dass diese als „politisches" Sondergericht (Roellecke 2005) in Konkurrenz zur Fachgerichtsbarkeit tritt. Diese musste sich zumindest in der unmittelbaren Nachkriegszeit durch den neuen Sonderling unter den Gerichten, der ihnen gegenüber sogar Vorrang beanspruchte, herausgefordert fühlen. Das Modell der „isolierten" Verfassungsgerichtsbarkeit bedeutet lediglich, dass das BVerfG das letztverbindliche Entscheidungsmonopol in Verfassungsfragen besitzt. Das damit verfolgte „Trennungsmodell" (von Brünneck 1992: 28) heißt jedoch nicht, dass es keinen professionell bedingten Austausch mit anderen Gerichten gibt, der immer wieder zu Konflikten führen kann. Dieser Austausch zwischen Verfassungsgericht und anderen Gerichten ist nicht nur bei den Urteilsverfassungsbeschwerden unvermeidlich, sondern auch bei der konkreten Normenkontrolle. Letztere unterscheidet sich jedoch von ersterer dadurch,

---

38 BVerfGE 7, 198 (207); BVerfGE 18, 85 (92).

dass bei konkreten Normenkontrollen dem BVerfG von einem Fachgericht eine Frage vorgelegt wird, ob eine gesetzliche Norm, von deren Geltung die Entscheidung des konkreten Falles abhängt, verfassungskonform ist oder nicht. Wird dies vom BVerfG bejaht, wird der Fall später entsprechend vom Fachgericht entschieden. Verneint das BVerfG die Frage, lässt das vorlegende Gericht die entsprechende Norm bei seiner Entscheidung außer Betracht. In beiden Fällen ist es also bei der konkreten Normenkontrolle – im Gegensatz zu Verfahren, die durch eine Urteilsverfassungsbeschwerde initiiert werden – nicht das BVerfG, das den Ausgangsfall entscheidet, sondern das vorlegende Gericht, dessen Rechtsprechungsmacht damit weitgehend unangetastet bleibt.

Da es zu solchen Interaktionen zwischen BVerfG und den anderen Bundesgerichten als höchsten Fachgerichten kommt, ist gleichwohl ein Konflikt um die Deutungsherrschaft von vornherein angelegt gewesen. Dass das BVerfG diese im Zusammenhang mit konkreten Normenkontrollen und der Urteilsverfassungsbeschwerde vor allem während seiner Anfangszeit auftretenden Konflikte siegreich bestanden hat, ist eine seiner wichtigsten Leistungen gewesen. Dabei wird es ihm sehr geholfen haben, dass schon seine ersten Richter vor Aufnahme ihrer Karlsruher Tätigkeit anerkannte Juristen waren und in ihrem neuen Tätigkeitsfeld durch ein hohes Maß an Professionalität aufgefallen sind. Die hohe Akzeptanz, die die Verfassungsgerichtsbarkeit bei den nachgeordneten Fachgerichten genießt, ist daher sicher auch auf die Qualität der verfassungsgerichtlichen Entscheidungen und ihre Begründungen zurückzuführen. Mit ursächlich für diese Qualität ist die enge Verzahnung des BVerfG mit der Staatsrechtslehre, die mit ihrer traditionell positiven Würdigung der Karlsruher Rechtsprechung von Anfang an dabei geholfen hat, die fachliche Reputation und mit ihr die Autorität des noch jungen Gerichts auch in den Augen der konkurrierenden Fachgerichte zu festigen. Obwohl schließlich an den Verfahren der Richterernennung zum BVerfG einiges kritisiert werden kann, ist die Auswahl des Richterpersonals insgesamt ebenfalls geglückt. Jedenfalls hat gerade die Rekrutierung ehemaliger Bundesrichter die Konflikte mit den angesehenen höchsten Fachgerichten offensichtlich ebenfalls wirkungsvoll entschärfen können.

Insgesamt kann man das im Grundgesetz angelegte Konzept zur Verfassungsgerichtsbarkeit in organisatorischer Hinsicht mit Ausnahme der später noch zu betrachtenden Verfahren der Richterernennung zum BVerfG als durchaus gelungen bezeichnen. Möglicherweise aber sind die damaligen verfassungsgesetzgeberischen Intentionen bei der Aufnahme der Verfassungsgerichtsbarkeit im Grundgesetz und deren tatsächliche Wirkung nicht konvergent (Jestaedt 2011: 81). Das ist mit Blick auf die Einrichtung von Höchstgerichten nicht überraschend. Ganz ähnlich wie beim EuGH zu beobachten, zeigt sich auch beim BVerfG, wie sich eine Instanz machtpolitisch entfalten kann, wenn sie mit der Macht des letzten, da nicht mehr durch andere Instanzen reversiblen Wortes ausgestattet ist. Die Entfesselung dieser Macht des letzten Wortes kann auch von jenen Akteuren kaum mehr aufgehalten, begrenzt oder gar zurückgenommen werden, die sie selbst einst schufen (Höreth 2013: 54 ff.). Die staatsorganisatorische Grundentscheidung für die Einrichtung eines „isolierten" Verfassungsgerichts bringt es mit sich, dass die Macht zu verbindlicher Verfassungsinterpretation auch die Macht des Verfassungsinterpreten miteinschließt, über Reichweite und Grenzen dieser eigenen Macht selber autoritativ entscheiden zu können und sich dabei auch gegenüber möglicher Konkurrenz, die ihr diese Kompetenz streitig machen möchte, erfolgreich zu behaupten. Dem BVerfG ist dies zweifellos eindrucksvoll gelungen.

3.2 Das BVerfG als Gericht und Verfassungsorgan

Betrachtet man die Organisation des BVerfG als Ganzes, so fällt die Ambivalenz auf, die darin liegt, dass es zugleich Gericht und Verfassungsorgan ist. Der Gerichtscharakter des BVerfG ist unbestritten. Dafür spricht seine Bezeichnung als „Gericht". Seine Tätigkeit wird im Grundgesetz unter Abschnitt IX als „Rechtsprechung" bezeichnet. Es ist gerichtsförmig organisiert und wird durch Richter besetzt, es kann nicht von sich aus tätig werden und seine Entscheidungen unterliegen einem Begründungszwang. Doch das BVerfG ist seinem Selbstverständnis nach eben auch Verfassungsorgan. Hierdurch gewinnt das BVerfG ein höheres Maß an institutioneller Unabhängigkeit, da es durch diesen Status über seinen eigenen Haushalt, eine Geschäftsordnung und eine eigene Verwaltung verfügt und nicht dem Justizministerium unterstellt ist. In organisatorischer Hinsicht von besonderer Bedeutung ist die Geschäftsordnungsautonomie des Gerichts, die es für sich in Anspruch nimmt. Während das Recht auf eine eigene Geschäftsordnung den anderen Verfassungsorganen durch das Grundgesetz ausdrücklich eingeräumt wird, musste das BVerfG lange ohne eine solche Ermächtigung in der Verfassung oder einem Parlamentsgesetz auskommen. Erst 1986 wurde das BVerfG durch den Gesetzgeber ausdrücklich dazu ermächtigt, sich eine eigene Geschäftsordnung geben zu können. Dieses Recht hatte sich aber das Gericht vorher längst selbst genommen.

Die Feststellung, dass das Bundesverfassungsgericht nicht nur ein „normales" Gericht ist, sondern auch Verfassungsorgan, das sich deutlich von herkömmlicher Gerichtsbarkeit unterscheidet (Voßkuhle 2009: 918), ist nicht selbsterklärend. Ursprünglich existierte im Parlamentarischen Rat hinsichtlich der Organisation der höchsten Gerichte kein Konsens, auch darüber nicht, dass dem BVerfG als speziell für Verfassungsfragen zuständige Instanz eine besonders hervorgehobene Rolle zugedacht werden sollte. Zudem stand ja noch die Frage im Raum, ob zusätzlich ein gleichrangiges Oberstes Bundesgericht gebraucht würde, um die Organisation der Gerichtsbarkeit in Deutschland abzuschließen. In diesem Fall hätte das BVerfG sicher kein Verfassungsorgan werden können.

Möglicherweise könnte in der organisatorischen Eigenschaft des Gerichts als Verfassungsorgan, die es sich selbst zugeschrieben hat, ein „Kompetenztitel zur Überschreitung der Grenzen richterlicher Tätigkeit" (Schlaich/Korioth 2012: 21; Großfeld 1995: 1721) erblickt werden. Da sich aus dieser Eigenschaft als Verfassungsorgan noch weitere Konsequenzen für die Macht des Verfassungsgerichts ergeben, mag die (normative) Frage, ob ihr dieser Status zukommt bzw. zukommen soll, von großer Bedeutung in der juristischen Debatte sein. Aus politikwissenschaftlich-empirischer Sicht ist dies nicht so entscheidend. Wichtiger ist aus dieser Perspektive vielmehr, dass sich aus der vom Gericht erfolgreich in Anspruch genommenen Doppelfunktion als Gericht und Verfassungsorgan *tatsächlich* eine gesteigerte Reichweite seiner Rechtsprechungstätigkeit ergibt. Das BVerfG selbst sieht sich in seiner Eigenschaft als Verfassungsorgan als Teil der „obersten Staatsgewalt". Es besitzt jedenfalls, wie der renommierte Staatsrechtler und ehemalige Bundesverfassungsrichter Konrad Hesse betont, einen signifikanten „Anteil an der obersten Staatsleitung" (Hesse 1999: Rdnr. 669). Diese richtige Beobachtung damit relativieren zu wollen, dass man das BVerfG ausschließlich als ein Gericht zu betrachten habe, welches anhand der Verfassung lediglich „Recht spricht", geht jedenfalls an der Realität der bundesrepublikanischen Verfassungspraxis komplett vorbei.[39]

Kaum ein Verfassungsjurist hat dies klarer erkannt als der ehemalige Richter am BVerfG Ernst-Wolfgang Böckenförde (1999). Er verwies darauf, dass sich die Verfassungsgerichtsbarkeit von sonstiger Rechtsprechung dadurch unterscheidet, dass sie nicht durch die herkömmlichen Methoden

---

39 So aber bei Korioth/Schlaich (2012: 23f).

der Gesetzesauslegung begrenzt ist, sondern rechtsschöpferisch im Wege authentischer Verfassungsinterpretation ein zunehmend sich ausweitendes Verfassungsgesetzesrecht schafft. Verfassungsgerichtliche Rechtsprechung ist so gesehen fallbezogene Gesetzgebung mit Verfassungsrang, die zum einen aus der inhaltlichen Unbestimmtheit des Verfassungstextes und zum anderen aus der einzigartigen Interpretationsmacht des Verfassungsgerichts resultiert. Damit rücken die Verfassungsrichter in eine Position von Entscheidungsträgern mit großer politischer Entscheidungsmacht. Es entspricht dieser Doppelrolle des BVerfG als Gericht *und* Verfassungsorgan, die Richter nicht mehr nur als „Hüter" der Verfassung zu betrachten, sondern auch als „Künder der Verfassung" (von Brünneck 1992: 187).

Diese Doppelrolle hat ihren Preis. Als Gericht *und* Verfassungsorgan ist das BVerfG zugleich einerseits, wie jedes andere Gericht, in der Sphäre rechtlicher Deliberation und objektiver Urteilsfindung zuhause; andererseits ist es aber eben auch, wie jedes andere Verfassungsorgan, in politische Auseinandersetzungen verstrickt. Das Gericht musste damit umzugehen lernen, dass in beiden Sphären ganz unterschiedliche Handlungslogiken gelten:

> *Als Gericht bewegt sich das Bundesverfassungsgericht im Kontext der Justiz mit ihren rechtlichen Bindungen und sozialen Verhaltenserwartungen. Als Verfassungsorgan steht es im Konzert der anderen Verfassungsorgane und ringt mit ihnen um Macht und Bedeutung. (Schönberger 2011: 51)*

Was in Wahrnehmung dieser Doppelrolle unbedingt zu vermeiden ist, könnte, wie Carl Schmitt (1931: 35) es zugespitzt formuliert hat, eine Juridifizierung der Politik und eine Politisierung der Justiz sein, bei der beide, Politik und Justiz, nur Schaden nähmen. Doch diese bereits in den 1930er Jahren geäußerte Einschätzung, die einer starken Trennung von Recht und Politik das Wort redet, geht an der Verfassungsrealität der neugegründeten Bundesrepublik vorbei. Lässt man sich auf eine selbstständig organisierte und spezialisierte Verfassungsgerichtsbarkeit ein, nimmt man selbstverständlich in Kauf — und weiß es aber auch zu schätzen — dass in dieser Institution Justiz und Politik von vornherein untrennbar vermengt werden. Wie schon der kurze Blick auf die Geschichte des BVerfG gezeigt hat, blieb dem Gericht, wenn es denn seine ihm übertragenen Aufgaben erfüllen sollte, nichts anderes übrig, als sich möglichst geschickt auf beiden Ebenen zu bewegen — und damit eben mehr zu sein als nur ein herkömmliches Gericht. Dazu gibt es keine Alternative, denn:

Funktionsbestimmung und Legitimation der Verfassungsgerichtsbarkeit müssen Abschied nehmen von der Vorstellung eines archimedischen Punktes außerhalb des politischen Prozesses, von welchem aus diesem gegenüber Sicherheit – sei es hinsichtlich von Kontrollmaßstäben oder sei es hinsichtlich der verfassungstheoretischen Rechtfertigung der Kontrollkompetenz – gewonnen werden kann. (Ebsen 1985: 192)

Die im bundesrepublikanischen Modell der Verfassungsgerichtsbarkeit zu beobachtende Verquickung der rechtlichen mit der politischen Sphäre ist somit unvermeidlich und es ist daher wenig sinnvoll, die Illusion einer Trennbarkeit beider Bereiche aufrecht zu erhalten. Die daraus resultierende empirische Konsequenz ist normativ kaum pauschal zu verurteilen. Vielmehr kommt es auf die jeweilige Art der *Juridifizierung* bzw. *Politisierung* an sowie auf die jeweilige Intensität, mit der beides von statten geht. Zwar sollten beide Seiten die Autonomie der jeweils anderen Seite möglichst respektieren. Nur so lässt sich jener gleitende „Übergang vom parlamentarischen Gesetzgebungsstaat zum verfassungsvollziehenden Jurisdiktionsstaat" vermeiden, vor dem bereits Böckenförde (1981: 402) gewarnt hat. Während die Politik also die Unabhängigkeit der verfassungsgerichtlichen Rechtsprechung selbstverständlich zu beachten hat, sollte aber auch das Gericht umgekehrt nicht zu stark in den Bereich der Politik intervenieren.

Der bundesrepublikanischen Politik ist es jedoch im Ganzen gesehen nicht schlecht bekommen, sich z. B. bei der Gesetzgebung in den vom BVerfG vorgezeichneten Bahnen zu bewegen, sich etwa bei ihren Gesetzen den ihnen richterlich auferlegten Standards bezüglich der formellen und materiellen Rechtmäßigkeit zu beugen. Die Antizipation eines möglichen verfassungsgerichtlichen Vetos führt bei den politischen Entscheidungsträgern möglicherweise zu mehr Sorgfalt bei der Gesetzgebung. Umgekehrt hilft es dem Gericht ungemein, die „Gesetzmäßigkeiten" in der Politik zu kennen und bei seiner Urteilsfindung politischen „Sinn und Takt" (Schönberger 2011: 52) walten zu lassen. Konkret betrifft das v. a. die Urteilsfolgenabschätzung, denn die Richterinnen und Richter müssen antizipieren können, ob ihre Urteile in der Welt des Politischen zu „funktionieren" vermögen und demzufolge von politischen Akteuren auch anerkannt werden. Rechtsprechung ist für das BVerfG deshalb insgesamt viel aufwendiger als für herkömmliche Gerichte. Auch dies ist eine Folge der Selbstautorisierung des BVerfG als Verfassungsorgan. Richterinnen und Richter in Karlsruhe verkünden niemals nur Urteile, sondern auch ihrer Natur nach „politische" Entscheidungen, die aber gerade deshalb einen hohen Begründungsaufwand erfordern, wie schon rein quantitativ an der Länge der Urteile abzulesen ist. In Ermangelung eines demokratischen Mandats durch die Wählerschaft muss das Gericht bei seiner Entscheidungsfindung nicht nur generell auf seine Justizförmigkeit achten. Vielmehr muss es einen besonders ausladenden Begründungsstil pflegen (Isensee 1996: 1085). Das BVerfG ist gehalten, bei seiner Entscheidungsfindung „deliberativ" vorzugehen, d. h. alle für einen Fall relevanten Positionen als gleichermaßen legitim betrachten und entsprechend darlegen und sodann vor allem in Form nachvollziehbarer Abwägungsprozesse in „praktischer Konkordanz" möglichst zum Ausgleich bringen. Auch wenn dann am Ende doch eine Position gegenüber den anderen Positionen obsiegt, erkennt die unterliegende Seite regelmäßig an, dass ihre Argumente nicht von vornherein als illegitim abgewertet wurden. Das erleichtert ihr die Akzeptanz des Urteils ungemein.

Fasst man die Implikationen der Organisation des BVerfG als (isoliertes) Gericht und Verfassungsorgan zusammen, so steht dieses nicht nur in einer gewissen Konkurrenz zu anderen Verfassungsorganen, sondern auch zu den anderen Gerichten. Mit ihnen stand und steht das BVerfG auch weiterhin im Wettbewerb um Autorität und Deutungsmacht, wobei in jüngerer Zeit auch internationale und europäische Gerichte in diesem Wettbewerb hinzugetreten sind. Gerade für die Fachgerichtsbarkeit kann es nicht immer einfach gewesen sein, sich mit einem BVerfG zu arrangieren, das das überkommene Rechtssprechungsgefüge der einzelnen Instanzenzüge und damit auch gewohnte Hierarchien gehörig durcheinanderbrachte. Doch auch hier wussten sich die Richterinnen und Richter in Karlsruhe wirkungsvoll zu behaupten. Wie auch immer dieses Problem der Doppelnatur des BVerfG als Gericht und Verfassungsorgan abschließend beurteilt werden kann, sicher ist, dass die nicht von den Müttern und Vätern des GG getroffene, vielmehr von den frühen Verfassungsrichtern in einem Akt der Selbstautorisierung herbeigeführte organisatorische Grundentscheidung mehr Chancen als Gefahren in sich geborgen hat. Chancen, die das BVerfG gegenüber den weiteren Verfassungsorganen, aber auch gegenüber den anderen Gerichten genutzt hat.

3.3 Die Bestellung des Richterkollegiums

Zum Problem der Richterwahl

Die besondere Stellung des Gerichts in Karlsruhe kommt auch in der Bestellung der je acht Richter der beiden Senate – die im Sinne des Proporzgedankens bewusst als gleich große und mit einer geraden Anzahl von Mitgliedern versehene Zwillingssenate konzipiert wurden – zum Ausdruck. Die Verfassungsrichterinnen und Verfassungsrichter werden jeweils zur Hälfte vom Bundestag und Bundesrat mit Zweidrittelmehrheit gewählt. So jedenfalls gibt es das Grundgesetz vor. Faktisch werden die vom Bundestag bestellten Verfassungsrichter jedoch nicht vom Plenum des Bundestages gewählt, sondern von einem nach Parteienproporz zusammengesetzten zwölfköpfigen Wahlausschuss. Dieser nichtöffentlich tagende und aus weithin unbekannten Mitgliedern des Bundestages zusammengesetzte Wahlausschuss muss sich parteiübergreifend auf die Kandidaten für das Richteramt am BVerfG einigen. Gewählt sind diese dann, wenn sie mindestens acht der zwölf Stimmen des Ausschusses auf sich vereinen. Wählbar für das Amt sind nur Personen, die mindestens 40 Jahre alt sind (Altersgrenze ist 68 Jahre) und die formal die Befähigung zum Richteramt besitzen. Wie alle anderen westlichen Verfassungsgerichte auch, ist das BVerfG damit ein reines Juristengericht (von Brüneck 1992: 34 ff.). Jeweils drei Richter in jedem Senat müssen zuvor als Richter an obersten Gerichten tätig gewesen sein. Die Wahl erfolgt seit 1970 einmalig auf zwölf Jahre, eine Wiederwahl ist also seitdem ausgeschlossen.

Das Wahlverfahren unterstreicht die bereits angesprochene Doppelrolle des Gerichts als Teil der Rechtsprechung (Justiz) und der Politik. Einerseits soll es Gewähr bieten für eine möglichst hohe Sachkompetenz und Unabhängigkeit der Richter, andererseits soll es der Gefahr einer Selbstrekrutierung der Justiz entgegenwirken. Darüber hinaus wird auch ein Minimum an demokratischer Legitimation für die Verfassungsrichter als unabdingbar erachtet, denn die politische Bedeutung der Verfassungsrechtsprechung kann die Wahl der Richter zwangsläufig selbst zum Politikum machen. In der Verfassungspraxis hat sich bei den Richterernennungen jedoch ein Verfahren etabliert, das bereits häufiger zum Gegenstand der Kritik geworden und nach Meinung einiger Experten sogar mit dem „Odium [Ruch] der Verfassungswidrigkeit" (Lamprecht 1995: 2532) behaftet ist. Das „praktizierte Verfahren", so hat es Wilhelm Karl Geck formuliert, stoße „bei fast allen Beurteilern, vor allem in der herrschenden Verfassungslehre, auf begründete Ablehnung", die zuweilen „bis zur Verachtung" reiche (Geck 1986: 9). Verfassungsrechtlichen Zweifeln unterliegt vor allem der indirekte Wahlmodus, während andere Fragen, wie etwa die Verfahrenspraxis der Einhaltung eines strengen Parteienproporzes und die Anwendung der Zweidrittel-Mehrheitsregel insgesamt als weniger problematisch identifiziert werden. Vor allem ist in dieser Debatte das demokratietheoretisch eigentlich bedeutsamste Problem des Verfahrens der Bestellung der Richter zum BVerfG seltsamerweise nur am Rande behandelt worden, nämlich seine mangelnde Transparenz und Öffentlichkeit. Nur wenige, wie z. B. der ehemalige Verfassungsrichter Helmut Simon, haben gefordert, die Richterkandidaten vor ihrer Ernennung einer öffentlichen Anhörung zu unterziehen (Höreth 2006). Auch in der Politik ist diesem Vorschlag mehrheitlich mit Skepsis und Ablehnung begegnet worden. Das Hauptargument gegen die Einführung öffentlicher Anhörungen stützt sich keineswegs auf verfassungsrechtliche Bedenken, sondern basiert auf der verfassungspolitischen Prognose, dass ein solches Verfahren nicht nur zu einer sachlich unangemessenen Politisierung der Richterernennung führe, sondern darüber hinaus die Unabhängigkeit eines Richterkandidaten gefährden könne. Dabei wird die Existenz eines Nullsummenspiels unterstellt, das möglicherweise gar nicht besteht: Das „Mehr" an demokratischer Legitimation – herbeigeführt durch Transparenz und Öffentlichkeit des Verfahrens, eventuell aber auch durch die direkte Wahl der Verfassungsrichterinnen und -richter durch den Bundestag (analog zum Bundesrat), wie der Wortlaut in Art. 94 Abs. 1 Satz 2 GG nahelegt – und die damit verbundene „Politisierung" führe nach dieser Lesart zu einem weniger sachlichen, sich an objektiven Kriterien orientierenden Verfahren und damit letztlich zu einem „Weniger" an richterlicher Unabhängigkeit.

Tatsächlich aber krankt die juristische Debatte um öffentliche Anhörungen beim Verfahren der Richterernennung daran, dass sie nicht empirisch geführt wird. Um zu einer sachlich angemessenen Beurteilung der Problematik gelangen zu können, müsste die bisher rein normative Debatte, die im Falle der Gegner von öffentlichen Anhörungen ja durchaus mit empirischen Unterstellungen arbeitet, durch empirische Faktenanalyse ergänzt werden. Diese gewinnt man am ehesten durch den Vergleich mit dem Verfahren der Richterernennung in den USA. Hier sind öffentliche *Confirmation Hearings* seit 1939 üblich (Epstein/Segal 2005). Dabei zeigt sich, dass die Annahme, öffentliche Anhörungen würden zu einer sachlich unangemessenen politischen Aufladung des Verfahrens der Richterernennung führen und darüber hinaus der Autorität und damit der Unabhängigkeit der späteren Richter schaden, empirisch nicht bestätigt werden kann. Im Gegenteil ist es eher so, dass die für den Kandidaten erfolgreiche Anhörung – bei aller politischen Begleitmusik – nicht unwesentlich zu seiner persönlichen Autorität beiträgt, die dann auch bei der späteren Amtsführung in größere Unabhängigkeit der Rechtsprechung umgemünzt werden kann.

Öffentliche Anhörungen als Reformoption

Könnte eine Übernahme der öffentlichen Anhörungen auch für die Ernennung der Bundesverfassungsrichter in Deutschland Vorteile bringen? Wären Zugewinne an demokratischer Legitimation zu erwarten, ohne die institutionelle Unabhängigkeit des BVerfG zu gefährden? Eine komplette Übernahme des Verfahrens der Richterernennung aus den USA wäre sicher abwegig, da sich das politische System der USA als präsidentielle Demokratie zu stark von der parlamentarischen Demokratie der Bundesrepublik unterscheidet. In den USA nominiert der Präsident „seine" Kandidaten für den *US Supreme Court*, die vom Senat mehrheitlich bestätigt werden müssen. Die Vorstellung, auch hierzulande könnte der Regierungschef, also der Bundeskanzler, Kandidaten für das Gericht nominieren, die lediglich vom Bundesrat bestätigt werden, erscheint geradezu absurd. Auch die Ersetzung der Zweidrittelmehrheit für die Wahl der Richterinnen und Richter durch eine einfache Mehrheit stößt auf verfassungspolitische Bedenken, denn die qualifizierte Zweidrittelmehrheit verhindert parteipolitisch einseitige Besetzungen durch die jeweils amtierende Regierungsmehrheit, indem sie den Einfluss der Parteien auf die Besetzung des BVerfG von den Unwägbarkeiten des Parteienwettbewerbs und wechselnder Mehrheiten abkoppelt. Und dies sollte zur Sicherung der Unabhängigkeit des Gerichts auch beibehalten werden.

Problematisch bleibt jedoch der Gehalt an demokratischer Legitimation bei der Ernennung und Wahl der Richter des BVerfG. Wie auch in den USA verlagert sich in Deutschland die als notwendig erachtete demokratische Legitimation der Höchstrichter in das Verfahren der Richterbestellung (Böckenförde 1974: 72 f.). Einmal im Amt, können und sollten hier wie dort Verfassungsrichter nicht zur demokratischen Verantwortung gezogen werden. Dennoch verlangt die politische Bedeutung der Verfassungsgerichtsbarkeit nach einer umso festeren Verwurzelung im und der Rückkopplung mit dem Volkswillen. Doch diese verfassungsrechtliche Erkenntnis wird in der Verfassungspraxis hierzulande nicht so konsequent umgesetzt wie in den USA. Problematisch ist schon, dass die vom Bundestag zu bestellenden Richterinnen und Richter nicht vom Plenum „gewählt" werden, wie es Art. 94 Abs. 1 Satz 2 GG vom Wortlaut her eigentlich verlangt.[40] Doch

---

40 Das BVerfG selbst sieht dies jedoch anders. Die indirekte Wahl der Bundesverfassungsrichter durch den Deutschen Bundestag gem. § 6 BVerfGG ist verfassungsgemäß (BVerfGE 131, 230 – Bundesverfassungsrichterwahl (2012).

selbst wenn man, wie jüngst eben auch das Gericht selbst, die Verfahrensgestaltung noch als grundgesetzkonforme Wahl definieren will, bleibt die Feststellung richtig, dass jene Wahl unter effektivem Ausschluss der Öffentlichkeit stattfindet, weil auf einfachgesetzlicher Ebene nicht lediglich eine Wahlvorbereitung mit anschließender Bestätigung im Plenum vorgesehen ist, sondern eine indirekte Wahl durch den Wahlausschuss selbst erfolgt (§ 6 Abs. 1 BVerfGG). Demokratietheoretische Zweifel wirft das derzeitige Verfahren der Richterbestellung also vor allem deshalb auf, weil es durch den Ausschluss der Öffentlichkeit hochgradig intransparent ist. Transparenz und Öffentlichkeit sind jedoch bei Vorgängen der Ämterbesetzung durch demokratische Wahlen aufgrund des konstitutiven Zusammenhangs zwischen Demokratie und Öffentlichkeit unverzichtbar (Steffani 1973). Die Besonderheiten des bundesrepublikanischen Verfahrens der Richterbestellung zum BVerfG im Wahlausschuss, das Verfassungsjuristen als „Hinterzimmerpolitik" (Gusy 1989: 1633) qualifizieren, verhindern jedoch gerade jene grundsätzlich geforderte Transparenz und Publizität.

Laut Grundgesetz sollen sich die Organe Bundestag und Bundesrat die Aufgabe der Richterbestellung nach dem „Hälftigkeitsprinzip" miteinander teilen. Faktisch obliegt der Prozess der Richterauswahl jedoch einer Bundestag und Bundesrat übergreifenden informellen und interfraktionellen Arbeitsgruppe, die in ihrer parteipolitischen und personellen Zusammensetzung sowie in ihrer Funktion den allerwenigsten Bürgern bekannt sein dürfte. Die Zweidrittelmehrheit zwingt die beiden großen Parteifraktionen zur Kompromissbereitschaft, um die Ablehnung ihrer eigenen Kandidaten durch die andere Volkspartei zu vermeiden. Die Kehrseite eines solchen Arrangements des Einigungszwangs ist jedoch die Notwendigkeit umfangreicher Verhandlungen und Vorabsprachen zwischen den beiden im politischen Wettbewerb stehenden politischen Parteien, die hinter verschlossenen Türen stattfinden. Auf informeller Ebene erstellt diese Arbeitsgruppe als Resultat dieser zwischenparteilichen Absprachen deshalb als Paketlösung vorab eine Liste mit Kandidaten, die jeweils zur Hälfte von den beiden großen Parteien bzw. Fraktionen vorgeschlagen wurden.[41] In der Regel obliegt es nunmehr dem Richterwahlausschuss, diese Listenkandidaten formal zu wählen. Ein Akt, der jedoch eher als

---

41 Fraktionen, die weniger als ein Drittel der Sitze im Bundestag haben, kommen bei der Richterwahl nur zum Zuge, wenn ihnen eine größere Partei einen Sitz überlässt.

reine Bestätigung bzw. Absegnung denn als echte Wahl begriffen werden sollte (der Bundesrat wählt „seine" Verfassungsrichter im Plenum, ebenfalls mit Zweidrittelmehrheit, zumeist jedoch aufgrund der vorangegangenen Einigungsprozeduren faktisch einstimmig). Damit ist das komplette Verfahren von der Nominierung bis zur Bestätigung durch den Wahlausschuss ein ausschließlich von den politischen Parteien bis ins letzte Detail vereinbartes Geschäft unter effektivem Ausschluss der Öffentlichkeit.[42] Bei der Richterbestellung sind weder der Bundesrat noch der Bundestag maßgeblich für die Auslese der Kandidatinnen und Kandidaten, sondern die politischen Parteien in einem eigentümlichen undurchsichtigen Konkordanzsystem, das manche Beobachter an die Gepflogenheiten der Papstwahl erinnert (Kerschner 1998: 23).

Die Vermittlung einer hinreichenden demokratischen Legitimation kann somit durch das derzeitige Verfahren kaum geleistet werden. Stattdessen bietet eine öffentliche Anhörung die Möglichkeit für mehr Transparenz, durch die wiederum der demokratische Charakter der Richterwahlen gestärkt wird. Durch die Einführung solcher *Hearings* könnte man weiterhin einerseits die Vorteile des mäßigend auf die politischen Akteure wirkenden Prinzips der Zweidrittelmehrheit erhalten, während andererseits die Nachteile der bisherigen Intransparenz des Verfahrens zumindest entschärft werden würden.

Gegenargumente ...
Allerdings gibt es gewichtige Gegenargumente gegen die Einführung öffentlicher Anhörungen. Am bedeutendsten ist sicher das Argument, dass nur die Nichtöffentlichkeit des Verfahrens und die Übertragung auf ein Wahlmännergremium die Versachlichung der Kandidatenauswahl gewährleisten könne (Billing 1969: 129). Zudem wird behauptet, dass öffentliche Anhörungen der späteren richterlichen Amtsführung Schaden zufügen könnten und damit letztlich die sachlich-inhaltliche Legitimation der Rechtsprechung untergraben (Koch 1996: 43). Kandidaten könnten bei öffentlichen Befragungen zu Festlegungen genötigt werden, die ihre für das zu bekleidende Amt notwendige Unabhängigkeit und ihre Distanz zur Parteipolitik in Frage stellen (Stern 1989: 893). Hinzu komme, dass Deutsch-

---

42 Dies wird zudem juristisch abgesichert durch die Verschwiegenheitspflicht, auf die sich alle an der Richterbestellung Beteiligten berufen können (§ 6 IV BVerfGG).

land im Gegensatz zur USA keine Übung mit öffentlichen Anhörungen habe, was dazu führen müsse, dass die Fraktionen in den Anhörungen ihre wechselseitigen Kandidaten diskreditierten (Billing 1989: 89). Schließlich wird darauf verwiesen, dass durch die Einführung von öffentlichen Anhörungen weltanschauliche, politische und verfassungspolitische Grundüberzeugungen des Kandidaten für dessen Auswahl eine nicht unerhebliche Rolle spielen würden (Koch 1996: 43). Damit wird zugleich implizit insinuiert, dass diese (vermeintlich unsachlichen) Kriterien bei der Auswahl geeigneter Richterinnen und Richter keine Relevanz haben sollten.

... und ihre Widerlegung

Die gegen die Einführung öffentlicher Anhörungen vorgebrachten Argumente sind zum einen Teil normativ wenig überzeugend, zum anderen Teil halten die in ihnen enthaltenen Unterstellungen einer empirischen Prüfung nicht stand, wie eben der Vergleich mit den *Confirmation Hearings* in den USA zeigt. Zwar ist es völlig richtig, dass gerade beim BVerfG darauf geachtet werden sollte, dass die bestellten Richter fachkompetenziell unumstritten sind. Die Einsetzung des Instruments des richterlichen Prüfungsrechts gegenüber parlamentarischen Gesetzen und damit die Letztentscheidungsbefugnis gegenüber dem unmittelbar gewählten Organ verlangt nach einer umso höheren sachlich-inhaltlichen Legitimation. Diese wiederum ist abhängig von einer un- bzw. überparteilichen Rechtsprechung, die sich kraft der Unabhängigkeit der institutionellen Stellung der Verfassungsrichter den Einflussversuchen der Politik erfolgreich entziehen kann. Einerseits steht die politische Dimension der Verfassungsgerichtsbarkeit einer völligen Entpolitisierung seiner Besetzung von vornherein entgegen. Andererseits kann jedoch eine weitergehende Politisierung des Gerichts kaum erstrebenswert sein, denn diese würde zweifellos die sachlich-inhaltliche Legitimation der Verfassungsrechtsprechung unterminieren. Doch selbst wenn man deshalb bejaht, dass der Prozess der Richterbestellung möglichst den Parteieneinfluss neutralisieren sollte (Stern 1989: 892 f.), ist das derzeitige Verfahren kontraproduktiv. In der Verfassungspraxis ist die durch die Übertragung auf einen Wahlausschuss intendierte Entpolitisierung durch Zurückdrängen des Parteieneinflusses und damit eine Versachlichung der Richterbestellung gerade nicht erreicht worden, sondern eher das Gegenteil. Das derzeitige Verfahren ist daher schon von seinem Wesen her hochgradig (partei-)politisch (Roellecke 2001: 115), ohne aber hinreichend demokratisch legitimiert zu sein. Anhörungen würden das Verfahren der Richterbestellung aber substantiell kaum noch stärker politisieren, dafür aber prozedural transparenter und damit demokratieverträglicher machen. Die weiterhin erforderliche Zweidrittelmehrheit würde im Übrigen verhindern, dass die Fraktionen in den Anhörungen die jeweiligen Kandidaten der Gegenseite diskreditieren. Um das zu erkennen, brauchen die Akteure keine zusätzliche „Übung", sondern nur gesunden Menschenverstand, denn jede Fraktion braucht auch die Zustimmung der anderen Fraktion für die eigenen Kandidaten. Das den Mitgliedern in Bundestag und Bundesrat bekannte und nicht zuletzt bei der zustimmungsbedürftigen Bundesgesetzgebung durchaus auch „eingeübte" Prinzip des *do ut des* wäre also auch bei den öffentlichen Anhörungen für alle Akteure die dominierende Handlungsmaxime.

Die Einführung öffentlicher Anhörungen stellt die sachlich-inhaltliche Legitimation des Gerichts und seiner Urteile keineswegs in Frage. Der Prozess der Richterbestellung ist scharf von der nachgelagerten Rechtsprechung des Gerichts zu unterscheiden. Beides ist daher getrennt voneinander zu betrachten. Ein wie auch immer geartetes Kontrollrecht des Parlaments gegenüber den Richtern *nach* deren Inthronisierung – und damit eine sachwidrige „Politisierung" der Rechtsprechung – wird durch die öffentlichen Anhörungen im Verfahren der Richterbestellung gerade nicht begründet. Unter den Voraussetzungen einer institutionellen Absicherung können Anhörungen die Unabhängigkeit der späteren Richter daher gar nicht gefährden. Diese Unabhängigkeit dürfte durch die Vorgabe einer zwölfjährigen Amtszeit ohne Wiederwahlmöglichkeit fast ähnlich gut abgesichert sein wie beim *Supreme Court*, dessen Richter auf Lebenszeit ernannt werden.

Öffentliche Anhörungen besitzen zudem den unbestreitbaren Vorteil, dass durch sie zutage gefördert werden kann, ob dem Kandidaten die eine oder andere geforderte Fähigkeit fehlt. Fällt dieses Manko bei einer Anhörung auf, so wird der Kandidat wegen mangelnder Eignung scheitern.

Schließlich geht auch der Einwand, wonach Anhörungen Qualitäten des Kandidaten in den Vordergrund rücken könnten, die für die Tätigkeit als Richter am BVerfG nicht von ausschlaggebender Bedeutung seien, an den Realitäten vorbei. Die Wahl der Bundesverfassungsrichter ist wie auch in den USA eine politische Entscheidung, die demokratische Legitimation vermitteln soll, und die sich nicht ausschließlich an juristischen Kriterien der Eignung orientieren muss. Warum sollte nicht auch eine über die Fachöffentlichkeit hinausgehende breitere Öffentlichkeit die Chance erhalten, sich ein Bild von der jeweiligen Persönlichkeit machen zu können, zumal jedes öffentliche Wahlamt grundsätzlich die Bereitschaft zur Auskunft und Rechenschaft gegenüber den Konstituenten zumindest *vor* Amtsübernahme verlangt: „Wer in einer parlamentarischen Demokratie für zwölf Jahre ein hohes Amt bekleiden will, wird und muss bereit sein, dem berechtigten Informationsinteresse der Bevölkerung Genüge zu tun" (Wieland 2000: Rdnr. 15). Die Einführung öffentlicher Anhörungen würde bei den Richterwahlen kaum schaden, nutzen würden sie möglicherweise viel. Es gibt jedenfalls weiterhin genug Anlass, die Scheu vor einer öffentlichen Debatte abzulegen und erneut über die Novellierung des Verfahrens der Richterbestellung im BVerfGG nachzudenken.[43]

---

43 Allerdings steht man seitens der Politik einer Reform der Verfassungsrichterwahlen offensichtlich weiterhin skeptisch gegenüber. Im Frühjahr 2010 wurde der Vorschlag von Wolfgang Neskovic (Die Linke) und Jerzy Montag (Bündnis 90/Die Grünen) abgelehnt, zukünftig öffentliche Anhörungen im Rechtsausschuss durchzuführen und die Verfassungsrichterinnen und Verfassungsrichter anschließend ohne weitere Aussprache im Plenum des Bundestags zu wählen. Bereits 2008 wurde ein entsprechender Vorstoß der Grünen vom Plenum des Parlaments abgelehnt (Bode 2010: 1).

4 Funktionen der Verfassungsgerichtsbarkeit

4.1 Das BVerfG als Streitschlichter

Vorzüge (verfassungs-)gerichtlicher Streitschlichtung
Richter sind „Schlichter" (Schneider 1987), d. h. der Institutionalisierung von Gerichten liegt vor allem das Motiv der Streitschlichtung zugrunde. Dafür gibt es eine einfache Erklärung: Normen haben die soziale Funktion, die friedliche Lösung von Konflikten zu erleichtern bzw. schon die Entstehung von Konflikten zu verhindern. Kommt es doch zu Konflikten, stellen Normen vom einzelnen konkreten Konfliktfall unabhängige, gewissermaßen „neutrale" und autoritative Maßstäbe zur Bewertung von Verhalten und mögliche Vorschläge für die Beilegung des Konflikts zur Verfügung. Mit Hilfe von Normen können die Kontrahenten daher idealer Weise ihren Konflikt selbstständig beilegen. Schaffen sie dies nicht, weil sie beispielsweise eine gegebene Norm unterschiedlich auslegen, liegt es in ihrem gemeinsamen Interesse, die Hilfe einer „dritten Partei" in Anspruch zu nehmen, an die die Aufgabe der Streitschlichtung delegiert wird (Shapiro 1980: 1). Im Rahmen verfassungsrechtlicher Streitigkeiten übernehmen in vielen Demokratien Verfassungsgerichte diese Funktion der „dritten Partei". Die Einsetzung gerichtsförmiger Streitschlichter für ihrer Natur nach hochpolitische Streitigkeiten ist für den Verfassungsgeber rational, weil sie notwendig erscheint, um den Erhalt der politischen und rechtlichen Einheit auf lange Sicht nicht zu gefährden. Vertragstheoretisch gesprochen: Ohne den institutionalisierten Streitschlichter besteht die potenzielle Gefahr, dass das Vertragsverhältnis zwischen den sich zu einem politischen Gemeinwesen zusammenschließenden Individuen und Gruppen aufgrund unlösbarer Konflikte auseinander bricht, woran keiner der Vertragsteilnehmer ein Interesse haben kann. Dahingegen wiegen für alle Beteiligten die Kosten einer eventuellen, meist kurzfristig wirkenden Niederlage im Rahmen eines Verfahrens vor dem Verfassungsgericht weniger schwer, zumal man aufgrund der Neutralität und Objektivität des unparteiischen Streitschlich-

ters annehmen darf, im nächsten Fall wieder zu den Gewinnern zu gehören.

Die große Akzeptanz, die Verfassungsgerichte gerade in föderalen Demokratien genießen, lässt darauf schließen, dass unterschiedliche Akteure aus unterschiedlichen Motiven heraus das gemeinsame Interesse an der Existenz jener Verfassungsgerichtsbarkeit miteinander teilen. In parlamentarischen Demokratien haben beispielsweise die parlamentarischen Oppositionen die Möglichkeit, ihre Oppositionsarbeit auf dem gerichtlichen Weg fortzusetzen. Bundesstaatliche Exekutiven sehen in der Anrufung des Verfassungsgerichts die Chance, ihren politischen Vorhaben durch die höhere Weihen der Verfassungskonformität eine stärkere Legitimität zu verleihen,[44] kleine Fraktionen oder einzelne Abgeordneten können sich durch die Anrufung des Gerichts die Aufbesserung ihres parlamentarischen Status erhoffen, gliedstaatliche Regierungen erbitten sich die Hilfe des Gerichts zur Zurückdrängung zentralistischer Tendenzen usw. Für alle Akteure – dieser Befund trifft vor allem auf die Bundesrepublik zu – ist es offensichtlich attraktiv, politische Konflikte in rechtliche Streitigkeiten umzuwandeln, die vom Verfassungsgericht verbindlich entschieden werden. Dabei ist es geradezu unvermeidlich, dass es zu einem Prozess wechselseitiger Beeinflussung zwischen Verfassungsgerichtsbarkeit auf der einen und politischen Akteuren der Exekutive und Legislative auf der anderen Seite kommt. Die Konsequenz hieraus ist wiederum jene bereits angesprochene Juridifizierung des politischen Entscheidungsprozesses, die letztlich die klassischen Standards der Gewaltenteilungslehre unterminiert: Machtvolle Verfassungsgerichte wie das BVerfG übernehmen in zunehmenden Maße quasilegislative Aufgaben, während die politische Akteure in Exekutive und Legislative durch die vom Verfassungsgericht in ständiger Rechtsprechung vorgegebenen Beschränkungen in ihrer Regierungs- und Gesetzgebungspraxis in „antizipierender Reaktion" (Friedrich 1937) zunehmend in verfassungsrechtlichen Kategorien und Kalkülen denken und entscheiden, um so der Gefahr zu entrinnen, dass ihre Vorhaben vom Verfassungsgericht zu einem späteren Zeitpunkt als verfassungswidrig kassiert werden können.

---

44 Ein besonders eindrucksvolles Beispiel hierzu ist das 1994 ergangene „AWACS/Somalia"-Urteil des BVerfG (BVerfGE 90, 286), dem eine Organklage gegen die Bundesregierung zugrunde liegt, die die damalige Regierungspartei FDP und ihr Außenminister Klaus Kinkel mit initiiert hatte.

Es ist angesichts dieser Entwicklungen nicht überraschend, dass Kritik an der politischen Rolle des Gerichts meist an dessen umfangreichen Zuständigkeiten ansetzt. Das BVerfG kann nicht nur behördliche und gerichtliche Entscheidungen aufheben, weil diese das Grundgesetz verletzten. Es kann darüber hinaus über Streitigkeiten zwischen den obersten Staatsorganen sowie Bund und Ländern entscheiden. Es darf politische Parteien verbieten und schließlich sogar Parlamentsgesetze als verfassungswidrig und damit nichtig erklären. Diese Kompetenzfülle lässt sich nur vor dem historischen Hintergrund verstehen. Das Scheitern der Weimarer Republik und die bitteren Erfahrungen während des „Dritten Reiches" haben die Schöpfer des Grundgesetzes veranlasst, alles zu unternehmen, um die politische Macht im Staat rechtlich zu bändigen. Mittel der Wahl war der Vorrang der Verfassung; und diesen galt es mit allen Mitteln zu sichern. Dies sollte auch und gerade gegenüber dem demokratischen Gesetzgeber gelten, der damit gehalten war, Gesetze zu erlassen, die sowohl in formeller als auch in materieller Hinsicht den Vorschriften des Grundgesetzes entsprechen. Diese „Leit- und Ordnungsidee" (Lhotta/Ketelhut 2006) scheint derart attraktiv, dass Kritik an einzelnen Urteilen des BVerfG in der Regel nicht in fundamentale Institutionenkritik umschlägt.

Die Verfahren vor dem Bundesverfassungsgericht

Die Details zur organisatorischen Umsetzung der Verfassungsgerichtsbarkeit überließ der Parlamentarische Rat zwar dem parlamentarischen Gesetzgeber. Die wichtigste Entscheidung traf er allerdings selbst, nämlich die zum Vorrang der Verfassung. Dieser Vorrang bezieht sich auch auf den Gesetzgeber, der laut Art. 1 Abs. 3 GG unmittelbar an die Grundrechte gebunden ist. Das war neu. Eine mit Fragen der Staatsorganisation betraute „Staatsgerichtsbarkeit" gab es zwar schon in der Weimarer Republik, doch beschränkte sich deren Tätigkeit auf die Entscheidung von föderalen und Organstreitigkeiten (Kommers 1976: 86). Die eigentliche Funktion eines „Hüters der Verfassung" oblag damals noch dem Reichspräsidenten, was sich in Verbindung mit den Sondervollmachten des Staatsoberhauptes jedoch als fatale Fehlkonstruktion erweisen sollte. So trug die Anwendung des Art. 48 Weimarer Reichsverfassung dazu bei, dass schon vor 1933 wesentliche Teile der Verfassung außer Kraft gesetzt wurden.

Den Müttern und Vätern des Grundgesetzes war vor dem Hintergrund der Verfassungsgeschichte der Weimarer Republik bewusst, dass der Vorrang der Verfassung am besten durch ein Verfassungsgericht geschützt werden kann. Das Grundgesetz hat jene Hüterfunktion also ganz bewusst an das BVerfG delegiert. Besonders augenscheinlich wird dessen Kompetenzfülle, wenn man sich vergegenwärtigt, dass das BVerfG gegenüber allen drei Gewalten umfangreiche Kontrollrechte verfügt. Nicht nur Exekutiv- und Legislativakte können von ihm geprüft werden, sondern auch Gerichtsentscheidungen wie bei der Urteilsverfassungsbeschwerde. Maßstab bei allen Entscheidungen ist einzig die Verfassung, die jedoch durch die Ausstrahlungswirkung der Grundrechte sämtliche Bereiche der Rechtsordnung erfasst. Die Zuständigkeiten des BVerfG und die Möglichkeiten seiner Anrufung sind im Grundgesetz in Art. 93 GG grob geregelt. Ihre genauere Ausgestaltung erfolgte im Gesetz über das Bundesverfassungsgericht, das erst 1951 in Kraft trat. Dieses Gesetz bestimmt in Art. 13 insgesamt 16 Fälle, in denen das Gericht tätig werden kann (bzw. nach Anrufung tätig werden *muss*); diese lassen sich zu vier Gruppen zusammenfassen: Staatsorganisatorische Streitigkeiten, Normenkontrollen, Verfassungsbeschwerden und schließlich speziellere Verfahren zur Demokratie- und Rechtsstaatssicherung/Sonstiges.

Staatsorganisatorische Streitigkeiten

Gemeinhin wird angenommen, dass die Entwicklung der Verfassungsgerichtsbarkeit eng mit dem föderalen Aufbau eines Staatswesens zusammenhängt, denn dort müssen systembedingte Kompetenzstreitigkeiten von einer übergeordneten Instanz gelöst werden (Steffani 1968: 3). Tatsächlich hat gerade die deutsche Verfassungsgeschichte gezeigt, dass es sinnvoll ist, föderale Streitigkeiten zwischen der zentralstaatlichen und der gliedstaatlichen Ebene einerseits und zwischen den Gliedstaaten andererseits justizförmig und nicht politisch entscheiden zu lassen. Als Argument für die Etablierung des BVerfG standen solche Motive jedoch sicher nicht mehr im Vordergrund. Gleichwohl war es selbstverständlich, staatsorganisatorische Streitigkeiten durch das BVerfG entscheiden zu lassen. Zu diesen Streitigkeiten zählen zum einen bundesstaatsrechtliche Konflikte, die zwischen Bund und Ländern oder den Ländern untereinander auftreten können, einschließlich der Frage nach der Vereinbarkeit von Landesrecht mit dem Grundgesetz; zum anderen die Organstreitigkeiten auf der horizontalen Ebene. Bei letzteren reichen die Zuständigkeiten über jene herkömmlicher Staatsgerichtshöfe insofern hinaus, als hier neben den Verfassungsorganen Bundestag, Bundesrat, Bundesregierung und Bundespräsident auch Parteien, Fraktionen und einzelne Abgeordnete antragsberechtigt sind.

Die föderativen Streitigkeiten haben mit den Organstreitigkeiten gemeinsam, dass sie zwischen den Verfassungsorganen des Bundes und der Länder geführt werden. Antragsteller und Antragsgegner können bei föderativen Streitigkeiten jedoch nur die Bundesregierung und die Landesregierungen sein. Entgegen der Formulierung „Meinungsverschiedenheiten" in Art. 93 Abs. 1 Nr. 3 GG bedarf es wie auch beim Organstreit eines konkreten Anlasses für das Streitverfahren.[45] Meistens sind es die expliziten Kompetenzvorschriften des Grundgesetzes sowie das (ungeschriebene) Prinzip der *Bundestreue*, die das Gericht bei föderativen Streitigkeiten als Prüfungsmaßstäbe bei der Fallbeurteilung anlegt. Verfassungsrechtlich bedeutende Fälle sind als *Bund-Länder-Streit* (Art. 93 Abs. 1 Nr. 3 GG) vor allem im ersten Jahrzehnt des Bestehens des BVerfG entschieden worden.[46] Inzwischen hat diese Verfahrensart stark an Bedeutung abgenommen, weil sich föderative Streitigkeiten zumeist an Normenkollisionen entzünden, über die zu entscheiden sich das Verfahren der abstrakten Normenkontrolle besser eignet.[47]

Beim Organstreitverfahren geht es meist um einen Streit zwischen zwei Verfassungsorganen und um deren Rechte und Pflichten, die sich aus der Verfassung ergeben. Bei den meisten Organstreitigkeiten stehen gravierende Kontroversen zwischen den miteinander im politischen Wettbewerb stehenden politischen Parteien im Zentrum (Simon 1994: 1648). Als Beispiele seien genannt: Die bereits erwähnten Streitigkeiten um die Öffentlichkeitsarbeit der Bundesregierung in Wahlkampfzeiten,[48] die hochumstrittene Neuregelung der Parteienfinanzierung,[49] die Entscheidung der Regierung zur Atomwaffenstationierung,[50] die Finanzierung der parteinahen Stiftungen,[51] die Zulässigkeit von Auslandseinsätzen der Bun-

---

45 BVerfGE 13, 54 (72 f.).
46 BVerfGE 1, 14 – Südweststaat (1951); BVerfGE 6, 309 – Reichskonkordat (1957); BVerfGE 8, 122 – Atomwaffen-Volksbefragung (1957); BVerfGE 12, 205 – Deutschlandfernsehen (1961). Vgl. aus jüngerer Zeit noch BVerfGE 116, 271 – Anlastung von EU-Agrarsubventionen (2006).
47 Als jüngere Beispiele BVerfGE 112, 126 – Studiengebühren (2004); BVerfGE 86, 148 – Länderfinanzausgleich II (1992).
48 BVerfGE 44, 125 – Öffentlichkeitsarbeit (1977).
49 BVerfGE 85, 264 – Parteienfinanzierung II (1992) sowie das vorangegangene Urteil zur Parteienfinanzierung BVerfGE 24, 300 – Wahlkampfkostenpauschale (1968).
50 BVerfGE 68, 1 – Atomwaffenstationierung (1984).
51 BVerfGE 73, 1 – Politische Stiftungen (1986).

deswehr[52] sowie schließlich die Auflösung des Bundestages[53] nach der „unechten" Vertrauensfrage durch den damaligen Bundeskanzler Helmuth Kohl. Nicht immer müssen Oberste Bundesorgane diese Verfahren einleiten, sondern auch „Organteile" von Bundestag und Bundesrat können „parteifähig" sein, Ausschüsse, Fraktionen, die Präsidenten von Bundestag und Bundesrat. Doch selbst einzelne Abgeordnete können einen Organstreit initiieren, wenn sie die Rechte des Gesamtorgans Bundestag geltend machen. Als z. B. nach der fingierten Vertrauensfrage durch Helmuth Kohl einzelne Abgeordnete gegen die vorzeitige Auflösung des Bundestages durch den Bundespräsidenten klagten, um ihren Abgeordnetenstatus bis zum Ende der Legislaturperiode zu bewahren, stellte das Gericht fest, dass es sich hierbei um einen echten Organkonflikt handele, der im Wege eines Organstreitverfahrens geklärt werden müsste.[54]

Schon immer wurden jedoch viele Fälle als abstrakte Normenkontrollverfahren abgewickelt, bei denen es um die bundesstaatliche Ordnung betreffende Meinungsverschiedenheiten zwischen Verfassungsorganen ging – Streitgegenstände also, die vordergründig betrachtet eigentlich (auch) als Organstreitigkeiten hätten geführt werden können. Dies kommt z. B. dann vor, wenn zwischen Bundestag und Bundesrat gegenläufige Mehrheiten bestehen und sich der Bundesrat in seinen Rechten durch die Bundesregierung und ihre sie stützende Bundestagsmehrheit verletzt sieht. Der klassische Fall ist hierbei, dass Bundesregierung und Bundestag ein Gesetz als Einspruchsgesetz behandeln und vom Bundespräsidenten so auch verkünden lassen, obwohl der mehrheitlich von der Opposition zusammengesetzte Bundesrat eine explizite Zustimmung für erforderlich hält und sich deshalb in seinem Rechten übergangen fühlt.[55] Auch diese Fälle werden meist im Wege abstrakter Normenkontrollen entschieden

---

52 BVerfGE 90, 286 – Out of Area-Einsätze (1994); zuletzt BVerfGE 121, 135 – Luftraumüberwachung Türkei (2008).
53 BVerfGE 62, 1 – Bundestagsauflösung (1983).
54 BVerfGE 62, 1 (32).
55 Die autoritative Feststellung durch das BVerfG, dass es sich bei einem Bundesgesetz um ein Zustimmungs- und nicht um ein Einspruchsgesetz handelt, macht für die Opposition nur Sinn, wenn die Regierung keine eigene Mehrheit im Bundesrat hat. Nur in diesem Fall kann die Opposition über den Vermittlungsausschuss „mitregieren" oder aber das Gesetz zu Fall bringen. Besitzt die Bundesregierung hingegen eine eigene Mehrheit im Bundesrat,

und häufig von Landesregierungen initiiert, deren Parteien im Bund die Opposition stellen (im Bundesrat aber die Mehrheit besitzen).[56]

Normenkontrollen

Im Normenkontrollverfahren wird geprüft, ob eine Rechtsnorm (in der Regel ist das ein Gesetz) mit dem höherrangigen Recht der Verfassung vereinbar ist. Zu unterscheiden ist einmal zwischen der *konkreten* Normenkontrolle (*Richtervorlage*), die an einen ganz bestimmten Einzelfall gebunden ist. Das konkrete Normenkontrollverfahren hat die Funktion, „durch allgemein verbindliche Klärung verfassungsrechtlicher Fragen divergierende Entscheidungen der Gerichte, Rechtsunsicherheit und Rechtszersplitterung zu vermeiden".[57] Bei diesem für die Geltung der Verfassung wichtigen Verfahren liegt die Antragsberechtigung bei den Gerichten, die bei Zweifeln an der Verfassungsmäßigkeit eines von ihnen anzuwendenden Gesetzes die Verhandlung aussetzen und zur Klärung des Problems eine Vorlage beim BVerfG machen können. Die Richter von gewöhnlichen Gerichten, die somit das richterliche Prüfungsrecht besitzen, aber keine *Verwerfungskompetenz* (also kein Recht, selbst ein Gesetz als nichtig zu erklären),[58] betreiben eine Vorlage an das BVerfG also dann, wenn die Entscheidung ihres konkreten Falles von der Gültigkeit der fraglichen Norm abhängt. Stellt das BVerfG die Verfassungswidrigkeit der entsprechenden Norm fest, lässt das vorlegende Gericht diese bei seiner Entscheidung außer Betracht. Es ist somit nicht das BVerfG, das den Ausgangsfall entscheidet, sondern das vorlegende Gericht. Eine weitere Rechtsfolge eines konkreten Normenkontrollverfahrens ist selbstverständlich, dass die als verfassungswidrig erkannte Norm nicht nur nicht mehr vom vorlegenden Richter angewandt werden darf, sondern als „nichtig" komplett aus dem Verkehr gezogen wird.

Im Unterschied dazu wird die *abstrakte* Normenkontrolle losgelöst von einem konkreten Fall betrieben – und auch unabhängig davon, ob der An-

---

ist es für die Opposition unerheblich, ob das Gesetz als Zustimmungs- oder Einspruchsgesetz behandelt wird, da der Bundesrat die Zustimmung in der Regel erteilen wird.
56 BVerfGE 37, 363 – Bundesrat (1974), damals initiiert durch die Landesregierungen in Rheinland-Pfalz und Bayern; BVerfGE 55, 274 – Berufsausbildungsabgabe (1980), initiiert durch die Bayerische Staatsregierung.
57 BVerfGE 54, 47 (51) – Befriedigungsfunktion (1980).
58 BVerfGE 22, 373 (378) – Verwerfungsmonopol (1967).

tragsteller selbst betroffen ist. Der Idee nach ist das abstrakte Normenkontrollverfahren ein objektives Verfahren zur Kontrolle und Feststellung der Gültigkeit oder Ungültigkeit der betreffenden Norm. In der Praxis ist es zugleich auch ein politisches Instrument, weil es seitens politischer Akteure, oft auch aus einem parteipolitischen Kalkül heraus, initiiert werden kann. Dem entspricht es auch, dass die Verhandlungen vor dem BVerfG oft äußerst kontrovers geführt werden und die am Ende stehenden Urteile – wie auch häufig beim Organstreit – als Sieg oder Niederlage der jeweiligen politischen Lager verbucht werden. Mit Blick auf die Liste der Antragsberechtigten wird leicht verständlich, wie es zu dieser Politisierung kommt. Bei der abstrakten Normenkontrolle liegt die Antragsbefugnis bei der Bundesregierung, den Landesregierungen und einem Viertel des Bundestages. Einzelne Fraktionen können einen entsprechenden Antrag auf abstrakte Normenkontrolle nicht stellen, sofern sie über weniger als ein Viertel der Abgeordneten verfügen.[59] Ein Normenkontrollverfahren kann zwar von einer oder mehreren Oppositionsparteien angestrengt werden, aber nur, wenn sie zuvor die Unterschriften von einem Viertel aller Mitglieder des Bundestages gesammelt hat. In ihrer Eigenschaft als „Opposition" kann sie jedoch keinen Antrag stellen, denn diese hat seltsamerweise im Unterschied zu den meisten Landesverfassungen noch immer kein Rechtsstatut im Grundgesetz. Möglicherweise wegen dieser Schwierigkeiten hat sich in der Verfassungspraxis durchgesetzt, dass die Opposition mit Hilfe des Antrags einer (von ihrer Partei geführten) Landesregierung die Normenkontrolle durch das BVerfG veranlasst.

Die abstrakte Normenkontrolle stellt das stärkste Mittel einer verfassungsgerichtlichen Gegenmacht dar, da sie das Gericht nicht nur unmittelbar in die politische Auseinandersetzung hineinzieht, sondern sogar zwingt, am Ende für die eine oder andere Seite zu entscheiden. Sie führt zu einer unmittelbaren Gegenüberstellung, oder, bei entsprechendem Ausgang des Verfahrens, sogar zu einer Konfrontation zwischen dem

---

59 Das ist häufig der Fall, wenn eine Große Koalition regiert. Spannend wird deshalb sein, ob sich die jetzige Große Koalition im Bund dazu durchringen kann, das Quorum von einem Viertel der Abgeordneten zu senken, damit den gerade mal knapp 20 Prozent aller Abgeordneten zählenden Oppositionsparteien die theoretische Möglichkeit eingeräumt wird, eine abstrakte Normenkontrolle zu initiieren (oder aber auch einen parlamentarischen Untersuchungsausschuss einzurichten).

BVerfG und der Regierungsmehrheit. Diese setzt sich zusammen aus der Bundesregierung und der sie stützenden Parlamentsmehrheit. In der Regel ist sie ausschließlich für die Gesetze verantwortlich, die auf dem Prüfstand des Gerichts verhandelt werden, weil der „oppositionelle Teil" des Parlaments an der Gesetzgebung faktisch keinen Anteil nimmt[60]. In dieser Konstellation sind einige zwischen den Parteilagern hochumstrittene Entscheidungen in Karlsruhe ergangen. Nur einige wenige Beispiele hierzu: In der Geschichte der Bundesrepublik war in der Innenpolitik wohl kaum etwas so umstritten wie die Versuche, § 218 StGB (Schwangerschaftsabbruch) neu zu regeln. Die von der SPD/FDP-Regierung 1974 eingeführte „Fristenregelung" traf auf erbitterten Widerstand der CDU/CSU-Opposition, die alle ihre Bataillone aufmarschieren ließ, um in Karlsruhe dagegen zu klagen. Neben 193 Mitgliedern des Bundestages stellten die damaligen CDU/CSU-geführten Landesregierungen von Baden-Württemberg, Rheinland-Pfalz, Bayern, Saarland und Schleswig-Holstein den Antrag auf abstrakte Normenkontrolle – mit Erfolg, denn das BVerfG erklärte die „Fristenregelung" nicht nur als verfassungswidrig und damit nichtig, sondern es bescheinigte der linksliberalen Bundesregierung zur Freude der Opposition, sie sei ihrer „Verpflichtung, das werdende Leben zu schützen, nicht in dem gebotenen Umfang gerecht geworden" (6. Leitsatz).[61] Mit Hilfe des Gerichts konnte die CDU/CSU ihre Oppositionsarbeit auch schon zwei Jahre zuvor beim Grundlagenvertrag mit der DDR erfolgreich fortsetzen. Den Antrag stellte damals die bayerische Staatsregierung.[62] Hoch umstritten, aber parteipolitisch unter umgekehrten Vorzeichen, war zehn Jahre später auch die Novellierung des Kriegsdienstverweigerungsrechts durch die CDU/CSU/FDP-Regierung, in der vorgesehen war, den Wehrpflichtverweigerern einen gegenüber den Wehrdienstleistenden fünf Monate längeren Ersatzdienst als „Probe auf

---

60 Es entspricht der typischen (und falschen) Logik staatsrechtlicher Lehrbücher, wenn in diesem Zusammenhang von einer Konfrontation zwischen BVerfG und Parlament gesprochen wird (Schlaich/Korioth 2012: 92). Mit einem wichtigen Teil des Parlaments – nämlich der Opposition – steht das Gericht jedoch gerade nicht in Konfrontation (sondern verbündet sich sogar gewissermaßen mit ihr), wenn deren Normenkontrollantrag stattgegeben wird.
61 BVerfGE 39, 1 – Schwangerschaftsabbruch I (1975).
62 BVerfGE 36, 1 – Grundlagenvertrag (1973).

das Gewissen" zuzumuten. Der Argumentation der Bundesregierung, die bewusste Inkaufnahme des gegenüber dem Grundwehrdienst um fünf Monate verlängerten Zivildienstes als tragendes Indiz für das Vorliegen einer Gewissensentscheidung zu interpretieren, schloss sich das BVerfG in seinem Urteil letztlich an.[63] Das damalige „Kriegsdienstverweigerungs-Neuordnungsgesetz" genügte somit den verfassungsrechtlichen Anforderungen – zur großen Enttäuschung der damaligen SPD-Opposition, die durch die Landesregierungen Bremens, Hamburgs, des Saarlandes, Hessens und Nordrhein-Westfalens und ihrer eigenen Mitglieder im Bundestag gleich mehrere Anträge auf abstrakte Normenkontrolle stellten.

Diese wenigen Urteile und ihre politische Begleitmusik illustrieren bereits, wie sich gerade das Verfahren zur abstrakten Normenkontrolle – ursprünglich vorgesehen als objektives Verfahren zur Kontrolle des Gesetzgebers – zu einem (partei-)politischen Instrument entwickelt hat, das der Opposition dabei dient, ihre Oppositionsarbeit durch den Gang nach Karlsruhe fortzusetzen. Bei keinem anderen Verfahren vor dem BVerfG wird daher die viel kritisierte „Politisierung der Justiz" so offenkundig wie bei der abstrakten Normenkontrolle. Vor diesem Hintergrund ist es nicht verwunderlich, dass sich nur wenige Staaten entschieden haben, ihren Verfassungsgerichten eine so weitreichende Befugnis einzuräumen (neben der Bundesrepublik z. B. Österreich oder Kanada). Selbst die USA erkennen die verfassungsrechtliche Überprüfung eines Gesetzes bis heute nur in der Form der konkreten Normenkontrolle an. Auch in der Bundesrepublik mehrten sich wegen der diesem Verfahren inhärenten politischen Implikationen vor allem in den 1970er Jahren die Stimmen jener, die für eine Abschaffung der abstrakten Normenkontrolle plädierten, jedoch bis heute ohne Erfolg.[64] Wahrscheinlich findet sich für eine solche Verfassungsänderung schon deshalb keine verfassungsändernde Mehrheit, weil weder die Regierungsmehrheit noch die Opposition ein echtes Interesse daran hat, dieses Instrument aufzugeben. Die gerade aktuelle Opposition will sich diese Option selbstverständlich weiter erhalten, während die aktuellen Regierungsparteien sich wohl bereits ausmalen können, wie es ohne dieses Instrument um sie bestellt ist, wenn sie dereinst wieder die harten Oppositionsbänke drücken müssen.

---

63 BVerfGE 69, 1 – Kriegsdienstverweigerung II (1985).
64 Vgl. schon die Artikelserie „Dat ham wir uns so nich vorjestellt", in: Der Spiegel, Jg. 1978.

Verfassungsbeschwerde

Die Institution der Verfassungsbeschwerde ist, so wie sie in Deutschland umgesetzt wird, im internationalen Vergleich ohne Vorbild. Seit 1969 auch grundgesetzlich garantiert, gibt sie jeder Bürgerin bzw. Bürger („jedermann") die Möglichkeit, vor das Verfassungsgericht zu ziehen, wenn er oder sie sich durch die öffentliche Gewalt in seinen Grundrechten verletzt sieht. Davor muss allerdings der Instanzenweg durchlaufen sein sowie eine „unmittelbare Betroffenheit" beim Beschwerdeführer vorliegen. Verfassungsbeschwerden sind meist gegen fachrichterliche Entscheidungen gerichtet. Ein Grundrechtsberechtigter kann die Verletzung eigener Grundrechte durch die Entscheidung eines Fachgerichts rügen. Das BVerfG kann, sofern es die Begründetheit der Verfassungsbeschwerde anerkennt, dieses fachgerichtliche Urteil aufheben. Da eine Verfassungsbeschwerde grundsätzlich erst dann zulässig ist, wenn alle fachgerichtlichen Abhilfemöglichkeiten ausgeschöpft sind, ist es kaum verwunderlich, dass sich *Urteils*verfassungsbeschwerden zur üblichen Form der Verfassungsbeschwerden entwickelt haben.

Die Rechtsprechung des BVerfG wurde praktisch vom ersten Tag an von dieser Klageart stark beherrscht, sowohl qualitativ als auch quantitativ (Löwer 2005). In *qualitativer* Hinsicht nutzte das BVerfG die Verfassungsbeschwerdeverfahren, um obrigkeitsstaatliche Traditionen aufzubrechen. Vor allem im Bereich der geistigen und politischen Freiheiten leistete das BVerfG über die Verfahren der Verfassungsbeschwerde der jungen Republik wichtige Dienste, indem es auf eine grundlegende Liberalisierung der deutschen Rechtsordnung hinwirkte und Verkrustungen des überkommenen Justizsystems aufbrach. Die Bedeutung der Verfassungsbeschwerde lässt sich auch in *quantitativer* Hinsicht belegen: Bereits ab 1958 überschritt die Zahl der Verfassungsbeschwerden die Marke von tausend. Seit 1979 werden jährlich über 3000 Verfassungsbeschwerden eingereicht und seit 2006 liegt die Anzahl der Verfahren bei über 6000 jährlich.[65] Von der großen Zahl der Verfassungsbeschwerden sind am Ende nur etwa 2 Prozent erfolgreich (Schlaich/Korioth 2012: 143). Eigentlich als eine Besonderheit unter den Verfassungsbeschwerden vorgesehen, stellt die sogenannte Urteilsverfassungsbeschwerde gem. Art. 93

---

65 Sämtliche Daten sind den Jahresstatistiken des BVerfG entnommen: http://www.bundesverfassungsgericht.de/organisation/statistik_2011.html (zuletzt abgerufen am 07.10.2013).

Abs. 1 Nr. 4a GG inzwischen den Regelfall dar. Etwa 93 Prozent aller Verfassungsbeschwerden lassen sich diesem Unterfall zurechnen. Da bis 2010 von 164 500 erledigten BVerfG-Entscheidungen ganze 161 000 in Urteilsverfassungsbeschwerdeverfahren ergingen (zumeist als Beschlüsse der Kammern), ist es kaum übertrieben, das BVerfG als ein „Urteilsverfassungsbeschwerdegericht" zu bezeichnen (Jesteadt 2011: 114 f.). Auch bei den juristisch besonders bedeutenden Senatsentscheidungen kommen die Urteilsverfassungsbeschwerden auf einen Anteil von ca. 75 Prozent. Die meisten Fälle werden jedoch bereits in der Vorprüfung durch einen dreigliedrigen Richterausschuss erledigt. Eine zusätzliche Reduktion verspricht sich das Verfassungsgericht von den Gebühren, die inzwischen bei Nichtannahme der Klage oder Missbrauch verhängt werden können. Von dieser Möglichkeit macht das Gericht jedoch nur zurückhaltend Gebrauch.

Die Verfassungsbeschwerde kann zum selben Ergebnis führen wie ein Normenkontrollverfahren, nämlich zur Erklärung eines Gesetzes als verfassungswidrig. Ein illustratives Beispiel dafür ist das Volkszählungsgesetz von 1983, bei dem das Verfassungsgericht das Recht auf informationelle Selbstbestimmung verletzt sah.[66] Fast die gesamte die Freiheitsrechte von „jedermann" stärkende Grundrechtsjudikatur – von *Elfes*[67] bis zur *Vorratsdatenspeicherung*[68] – basierte prozessual auf der Verfassungsbeschwerde. Eines der bedeutendsten Urteile der jüngeren Zeit, das *Lissabon*-Urteil,[69] ging ebenfalls auf eine Verfassungsbeschwerde zurück. Beschwerdegegenstand war dabei nicht der Vertrag von *Lissabon*, sondern die vom Bundestag im Rahmen seiner Ratifizierung verabschiedeten Begleitgesetze. Vielleicht ähnlich spektakulär wie der Inhalt des Urteils selbst (Lhotta/Ketelhut/Schöne 2013), ist die Frage, durch welche richterrechtliche Konstruktion das Verfahren überhaupt auf eine Verfassungsbeschwerde gestützt werden konnte. Zwar ist Art. 38 GG[70] im Rahmen der Zulässigkeit der Verfassungsbeschwerde ein geeigneter Beschwerde-

---

66 BVerfGE 65, 1 – Volkszählung (1983).
67 BVerfGE 6, 32 – Elfes (1957).
68 BVerfGE 125, 260 – Vorratsdatenspeicherung (2010).
69 BVerfGE 123, 267 – *Lissabon* (2009).
70 Art. 38 Abs. 1 Satz 1 GG: „Die Abgeordneten des Deutschen Bundestages werden in allgemeiner, unmittelbarer, freier, gleicher und geheimer Wahl gewählt."

grund nur, soweit er individuelle Rechte des Bürgers enthält. Daraus hat das BVerfG aber eine für die deutsche Europapolitik weitreichende Folgerung abgleitet: Gestützt auf das Wahlrecht in Art. 38 GG könne eine „Aushöhlung der Kompetenzen" des Bundestages und die „nicht hinreichende demokratische" Legitimation der EU sowie die „Entstaatlichung" Deutschlands durch die europäische Integration, an denen die deutsche Staatsgewalt teil hat, mittels einer Verfassungsbeschwerde gerügt werden.[71] Aus der Wahlrechtsverbürgung in Art. 38 GG ergibt sich so nicht weniger als ein grundrechtlicher Anspruch eines jeden Bürgers darauf, mittels der Verfassungsbeschwerde das Gericht aufzufordern, zu prüfen, ob Deutschland erstens im Hinblick auf die ihm vom BVerfG errichteten Integrationsschranken ein Staat bleibt und ob zweitens die EU hinreichend demokratisch legitimiert ist (Höreth 2012: 48ff.). Das Gericht verfolgt also weiterhin ein altbekanntes Muster: Es autorisiert sich selbst durch eine expansive Grundrechtsinterpretation, um bei Weichen stellenden politischen Entscheidungen das letzte Wort zu behalten. Hier auf dem Feld der Europapolitik.[72]

Demokratie- und Rechtsstaatssicherung / Sonstiges

Hierzu gehören die Verwirkung von Grundrechten gemäß Art. 18 GG, das Verbot politischer Parteien gemäß Art. 21 GG sowie die Präsidenten- und Richteranklage (Art. 61 GG und Art. 98 Abs. 2 und 5 GG). Darüber hinaus ist das BVerfG noch zuständig für die Verfahren zur Wahl- und Mandatsprüfung.

Eine Grundrechtsverwirkung wurde vom BVerfG noch nie ausgesprochen. Das entsprechende Verfahren ist wie das Parteiverbotsverfahren Ausdruck der „streitbaren Demokratie",[73] die die Offenheit und Freiheit des politischen Prozesses gegen verfassungsfeindliche Bestrebungen zu verteidigen gewillt ist. Das Parteiverbot kann nur vom BVerfG mit Zweidrittelmehrheit ausgesprochen werden. Solange das Gericht kein Verbot

---

71 BVerfGE 123, 267 – *Lissabon* (335).
72 Weitere wichtige – auf Verfassungsbeschwerden basierende – Europaentscheidungen seit dem *Lissabon*-Urteil: BVerfGE 126, 286 – Ultra-vires-Kontrolle Mangold (2010); BVerfGE 129, 124 – EFS (2011); als Organstreit, in dem Art. 38 GG aber ebenfalls eine wichtige Rolle spielte: BVerfGE 130, 318 – Stabilisierungsmechanismusgesetz (2012).
73 BVerfGE 5, 85 (139) – KPD-Verbot (1956).

ausspricht, gilt eine der verfassungsfeindlichen Ziele verdächtigte Partei als verfassungsmäßig. Antragsbefugt sind Bundestag, Bundesrat oder Bundesregierung. Bisher hat es in der Geschichte der Bundesrepublik zwei erfolgreiche[74] Verbotsanträge gegeben. Im Jahre 2003 hingegen wurde ein von Bundestag, Bundesregierung und Bundesrat beantragtes Parteiverbotsverfahren gegen die NPD eingestellt, weil V-Leute des Verfassungsschutzes selbst im Vorstand der Partei vertreten waren.[75] Seit 2012 ist ein weiteres Parteiverbotsverfahren gegen die NPD, eingeleitet durch den Bundesrat, anhängig. Von der Präsidentenanklage ist bisher noch kein Gebrauch gemacht worden. Ein zuletzt recht wichtiges Wahlprüfungsverfahren betraf die Fünf-Prozent-Sperrklausel bei Europawahlen, die vom BVerfG als verfassungswidrig eingestuft wurde.[76]

Abbildung: Erledigungen durch Entscheidung 1951–2012

Verfahrensarten	Plenum, Senat, Kammer 1951–2012		Senat 1951–2012	
	absolut	Prozent	absolut	Prozent
Parteiverbot	5	0,003	5	0,090
Wahlprüfungsbeschwerde	183	0,107	183	3,309
Organstreit	102	0,060	102	1,844
abstrakte Normenkontrolle	111	0,065	111	2,007
Bund-Länder-Streit	27	0,016	27	0,488
konkrete Normenkontrolle	1284	0,749	1056	19,092
einstweilige Anordnung	1920	1,120	*	*
Verfassungsbeschwerde	167 750	97,878	4042	73,079
Plenarentscheidung	5	0,003	(5)	0,090
sämtliche Verfahren	171 387	100,000	5531	100,000

* Die Verfahren des vorläufigen Rechtsschutzes werden in der Statistik des BVerfG nicht nach Senats- und Kammerentscheidungen aufgeschlüsselt.
Eigene Darstellung und Berechnungen in Anlehnung an Jestaedt 2011, S. 116.

---

74 BVerfGE 2, 1 – SRP-Verbot (1952); BVerfGE 5, 85 – KPD-Verbot (1956).
75 BVerfGE 107, 339 – NPD-Verbotsverfahren (2003).
76 BVerfGE 129, 300 – Fünf-Prozent-Sperrklausel (2011).

4.2 Das BVerfG als Vetospieler

Die Institution der Verfassungsgerichtsbarkeit verdankt nicht zuletzt der Idee der Gewaltenteilung ihre Existenz (Kielmansegg 2005). Indem im parlamentarischen Regierungssystem Regierung und Parlamentsmehrheit miteinander zur sogenannten „Regierungsmehrheit" verschmelzen, wird die Kontrollfunktion des Parlaments im Lichte althergebrachter Vorstellungen zum Parlamentarismus und zur Gewaltenteilung geschmälert. Dementsprechend kommt dem BVerfG als Kontrollinstanz aus dieser Perspektive ein starkes Gewicht zu.[77] Genauer ausgedrückt: Das BVerfG kann und soll unter Berufung auf die Verfassung die anderen Verfassungsorgane in ihre Schranken verweisen. Doch lässt sich das BVerfG in der politikwissenschaftlichen Terminologie daher auch als Vetospieler bezeichnen?

In dieser Frage besteht in der Politikwissenschaft keine Einigkeit. Laut Definition von George Tsebelis (2002: 2), dem Begründer der Vetospielertheorie, zeichnet sich ein Vetospieler als individueller oder kollektiver Akteur dadurch aus, dass dessen Zustimmung zwingend notwendig ist, um eine Änderung des legislativen *status quo* zu erreichen. Üblicherweise werden zu den Vetospielern nur jene Akteure gezählt, die eine formale Abstimmungsmacht im Gesetzgebungsprozess besitzen. In demokratischen Regierungssystemen sind dies die nationalen Parlamente, in föderalen Systemen die Zweiten Kammern, im Präsidialsystem der Präsident. Innerhalb dieser „institutionellen" Vetospieler können jedoch weitere Akteure Vetomacht besitzen, z. B. politische Parteien und ihre Abgeordneten als „parteipolitische Vetospieler", insbesondere die jeweiligen Regierungsparteien, die zusammen eine Koalition bilden – und diese scheitern lassen können, wenn sie mit den Regierungs- oder Gesetzgebungsvorhaben des jeweiligen Koalitionspartners nicht einverstanden sind.

---

77 Beim rheinland-pfälzischen Justizminister Adolf Süsterhenn, im Parlamentarischen Rat Vertreter der CDU und wichtiger Sachverständiger zum Thema Verfassungsgerichtsbarkeit, kamen sogar tief sitzende Ressentiments gegen den Parlamentarismus des GG zum Vorschein. Er prognostizierte in seinem Grundsatzreferat mit Verweis auf entsprechende Äußerungen Konrad Adenauers, dass parlamentarische Mehrheiten zur „parlamentarischen Diktatur" zu degenerieren drohen, wenn ihnen nicht durch ein starkes Verfassungsgericht Einhalt geboten werde (zitiert aus Niclaus 2006: 121).

Verfassungsgerichte sind hingegen formal nicht am Gesetzgebungsprozess beteiligt und somit nach der klassischen Definition von George Tsebelis keine Vetospieler, zumal sie, wenn überhaupt, nur nachträglich tätig werden können, und auch nur dann, wenn sie angerufen werden. Da jedoch das BVerfG unzweifelhaft den Gesetzgebungsprozess in vielerlei Hinsicht beeinflusst, lässt es sich ebenfalls als Vetospieler begreifen. Tsebelis (2002: 226) hat selbst auf das Blockadepotential von Verfassungsgerichten hingewiesen, welches beim BVerfG besonders deutlich zutage tritt. Seine Blockademacht resultiert vor allem aus seinen umfangreichen Prüfungskompetenzen sowie seinem Monopol zur (nachträglichen) Normverwerfung. Die Gestaltungsmöglichkeiten des BVerfG gehen jedoch über die bloße Kassation von Gesetzen hinaus, weil durch Appellentscheidungen sowie durch die verfassungskonforme Auslegung von Gesetzen differenzierte Einflussnahmen auf die Politik möglich sind (Kranenpohl 2010: 27). Insbesondere die den Gesetzgeber und seine Autonomie vermeintlich schonende „verfassungskonforme Auslegung" verengt den Regelungsgehalt eines Gesetzes auf die Interpretationsvorgabe des BVerfG, die jedoch gerade den ursprünglichen gesetzgeberischen Intentionen durchaus zuwiderlaufen kann. Dass es gerechtfertigt scheint, das BVerfG als Vetospieler zu klassifizieren, zeigt schließlich der Vergleich mit dem Bundesrat: Als Zweite Kammer gemäß Tsebelis ist dieser ja ein klassischer institutioneller Vetospieler. Während der Bundesrat seit seinem Bestehen bis 2004 lediglich knapp über 2 Prozent der von der Regierungsmehrheit beschlossenen zustimmungsbedürftigen Parlamentsgesetze durch verweigerte Zustimmung hat scheitern lassen, was einer Gesamtverwerfungsquote gegenüber allen Gesetzesvorhaben von knapp über 1 Prozent entspricht (Stüwe 2004: 29), hat das BVerfG über 5 Prozent aller vom Bundesgesetzgeber verabschiedeten Normen von 1949 bis 2009 ganz oder teilweise annulliert (Rühmann 2012: 51).

Dennoch sollte die Vetomacht von Verfassungsgerichten nicht überschätzt werden. *Erstens* besitzt das Gericht keine formalen Rechte bei der Gesetzgebung, so dass Veränderungen im Politikfeld (*Policy*) ohne seine Mitwirkung und auch ohne seine Zustimmung möglich bleiben. *Zweitens* bleibt das Gericht immer ein situationsabhängiger Akteur, weil es nur durch Aktivierung anderer Verfassungsorgane sowie sonstiger Akteure mit Klagebefugnis aktiviert werden und theoretisch seine Vetomacht ausspielen kann. Politische Akteure, wie etwa die Bundesregierung, können das BVerfG durch geschickte Strategien zuweilen erfolgreich „absorbieren", wie es in der Terminologie der Vetospielertheorie heißt. Dies gelingt etwa dann, wenn die Opposition von der Regierungsmehrheit systematisch in die Gesetzgebung, z. B. über den Bundesrat, eingebunden wird, um sie so von einer nachträglichen Klage in Karlsruhe abzuhalten. Auch wenn die Bundesregierung im Rahmen der Gesetzgebung verfassungsrechtliche Gesichtspunkte, z. B. durch die Hinzuziehung externen Sachverstands, besonders sorgfältig überprüfen lässt, sinkt für die Opposition der Anreiz für eine Klage, weil sie dann auch mit einer möglichen Niederlage in Karlsruhe rechnen muss. Insofern bleibt das BVerfG ein eingeschränkter, bedingter und schließlich fallabhängiger Vetospieler (Abromeit/Stoiber 2006: 68 ff). Wenn er aber ins Spiel kommt, dann umso gestaltungswilliger und wirkungsmächtiger. Doch das BVerfG erfüllt seine Funktion als Vetospieler insbesondere dann mit Erfolg, wenn es gar nicht erst zum Einsatz kommen (muss). Ist dies der Fall, gehen politische Akteure der Exekutive und Legislative in Antizipation möglicher verfassungsgerichtlicher Vetos wahrscheinlich sorgfältiger mit der Verfassung um, als sie dies ohne jenen machtvollen nachträglichen Vetospieler tun würden. Auch dies ist eine Nebenfolge des Verfassungsrechts als „politisches" Recht: Verfassungsrechtliche Niederlagen in Karlsruhe werden von politischen Akteuren auch als politische Niederlagen empfunden, die es aus politischen Opportunitätsgründen möglichst zu vermeiden gilt.

4.3 Zur Funktion der Sondervoten

A dissent in a Court of last resort is an appeal to the intelligence of a future day, when a later decision may possibly correct the error into which the dissenting judge believes the court to have been betrayed. (Ruth Bader Ginsburg)

Wie Ruth Ginsburg (2007) damit andeutet, haben in den USA die Sondervoten des *US Supreme Court* eine ganz besondere Funktion bei der Entwicklung des Verfassungsrechts. Auch in Deutschland erscheint es inzwischen selbstverständlich, dass das BVerfG zu seinen Entscheidungen zuweilen noch „Sondervoten" publiziert — insbesondere in verfassungsrechtlich besonders bedeutsamen Fällen. Bis 2010 sind zu etwa 8 Prozent der Senatsentscheidungen Sondervoten abgegeben worden (Schlaich/ Korioth 2012: 33). Im Gegensatz zu ihrem US-amerikanischen Pendant war dem BVerfG jedoch nicht von Anfang an das Verfassen von Sondervoten erlaubt. Bis Dezember 1970 trat das BVerfG noch als eine Einheit auf, deren Urteile (durch die Senate) scheinbar einen unwidersprochenen Konsens der beteiligten Richter widerspiegelten, zumal auch die abweichenden Richter den Urteilstenor in gleicher Weise wie die anderen Richter unterschrieben. Da jedoch schon faktisch vor 1970 hinter vielen Entscheidungen kein einstimmiger Beschluss, sondern eine Mehrheitsentscheidung stand, ging das Gericht bereits 1952 schon dazu über, das zahlenmäßige Abstimmungsergebnis zu veröffentlichen – ohne jedoch dabei die Namen oder auch nur die Argumente der anders stimmenden Richter bekannt zu geben. Den letzten Zwischenschritt hin zur expliziten Veröffentlichung von Sondervoten ging das Gericht in seinem bekannten „Spiegel-Urteil" vom 5. August 1966.[78] Hierbei entschloss sich das Gericht, sowohl die Argumente der zustimmenden als auch der abweichenden Richter mitzuteilen, allerdings jeweils ohne Namen zu nennen.

In der Rechtswissenschaft wurde unterdessen heftig diskutiert, ob abweichende Auffassungen von Richtern veröffentlicht werden sollten. Diese Diskussion über Sondervoten ist u. a. deshalb so interessant, weil in ihr über die engere Fachdebatte um Sondervoten hinausgehende sehr unterschiedliche Verständnisse zur Rolle der Verfassungsgerichtsbarkeit in einer pluralistischen Demokratie zum Ausdruck kamen, die auch heute noch von großer Relevanz sind. Die Kritiker wiesen darauf hin, dass Sondervoten das Gericht generell schwächen könnten, da es dann zu sehr Rücksicht auf öffentlichen Beifall nehme (Forsthoff 1971). Es wurde argumentiert, dass sich das Beratungsklima innerhalb des Senats verschlechtere, weil manche Richter sich profilieren wollten. Auch die Qualität der Entscheidungen könne dadurch gefährdet sein, dass sich das Gericht auf faule Kompromisse einige, um ein Auseinanderfallen des Kollegiums in eine sich antagonistisch gegenüberstehende Minder- und Mehrheit zu verhindern. Dies wiederum führe dazu, dass das Gewicht der gerichtlichen Entscheidung in der Öffentlichkeit im Ganzen vermindert werde. Damit ignoriere man, dass die politische Wirksamkeit des BVerfG gerade nicht in der überwältigenden Argumentation seiner Urteile liege, sondern in der „autoritären Beseitigung des Zweifels" (Lietzmann 1988: 54).

Die Bedenken der Gegner von Sondervoten konnten sich jedoch bereits auf dem Deutschen Juristentag 1968 nicht mehr durchsetzen. Auch dort war man inzwischen bereit, mehr Demokratie zu wagen. Wahrscheinlich nicht nur, weil dies dem nunmehr bestehenden Zeitgeist entsprach, sondern weil das Gericht selbst den Bundesgesetzgeber dazu aufgefordert hatte, die Abfassung und Veröffentlichung von Sondervoten für

---

78 BVerfGE 20, 162 – Der Spiegel (1966).

das BVerfG endlich zuzulassen. Die Karlsruher Richter scheinen damals erkannt zu haben, dass sie als politisch handelnde Akteure „nicht länger die Fiktion eines oberhalb des gesellschaftlichen Pluralismus angesiedelten Entscheidungskörpers aufrecht erhalten konnten. Der fiktive, in sich geschlossene „Körper" zerfiel in seine pluralistischen Einzelteile; er zeigte sich in seiner pluralistischen Realität (Lietzmann 2006: 269). Zwar bewegte sich das Gericht damit weg von seinem vorpolitischen und den politischen Prozessen enthobenen Status, den es einer eher vordemokratischen Tradition verdankte, doch taten die Einführung der Sondervoten und die mit ihr einsetzende „nachholende Politisierung" (Guggenberger 1988: 202) des Gerichts der Legitimität und Autorität der Institution keinen Abbruch. Im Gegenteil: Das Sondervotum stellt in der gegenwärtigen Staatsrechtslehre inzwischen ein „gefestigtes Institut dar, dessen Abschaffung nicht ernstlich erörtert wird" (Hennecke 2005: 489). Ihm werden positive Wirkungen zugeschrieben, die letztlich die Legitimität des Gerichts nicht untergraben, sondern sogar stärken (Schlaich/Korioth 2012: 31).

Positiv wirken Sondervoten zunächst innerhalb des Gerichts selbst. Durch die Beseitigung der Anonymität werden das Richtergewissen und die Richterpersönlichkeit gestärkt sowie die Fortentwicklung des Rechts gewährleistet. Für den gerichtsinternen Entscheidungsprozess kann den Sondervoten vor allem attestiert werden, dass schon ihre Ankündigung zu einem Überdenken der Mehrheitsmeinung führen kann, da die jeweilige Mehrheit das Sondervotum stets zu vermeiden bestrebt ist (Limbach 1999: 10). Selbst für den Fall, dass dies nicht gelingt, dienen Sondervoten, gerade weil sich die Mehrheit im eigenen Interesse mit ihnen auseinandersetzen muss, zumindest der qualitativen Verbesserung der Urteile. Hinzu kommt, dass die Mehrheitsgruppe frei von Kompromisszwängen eine klare und eindeutig begründete Entscheidung treffen kann, gerade weil der Minderheit die Möglichkeit eingeräumt wird, ihren Standpunkt im Sondervotum uneingeschränkt niederzulegen.

Für die Wirkung der Sondervoten „nach außen" gilt, dass der Transparenz der unterschiedlichen Stellungnahmen von Richtern eine große gesellschaftspolitische Bedeutung beigemessen werden kann. Der Sinn von Sondervoten liegt zunächst darin, abweichende Meinungen in Bezug auf die Urteilssätze (*dissenting opinions*) oder die Entscheidungsgründe (*concurring opinions*) zur Kenntnis zu bringen und damit Gesichtspunkte darzulegen, die auch in der wissenschaftlichen und öffentlichen Debatte überzeugen sollen. „Verlierer" der Entscheidung müssen sich nicht mehr als komplette Verlierer fühlen, weil sie durch die publizierten Sondervoten erfahren, dass auch gute Argumente für ihre Position sprechen. Immerhin zeigen Sondervoten auf, dass es oftmals nicht nur die eine richtige Rechtserkenntnis gibt, sondern dass ein unterschiedliches Verständnis von Recht und Gerechtigkeit zu unterschiedlichen Ergebnissen führen kann, ohne dass nur die eine Seite im Besitz der absoluten Wahrheit ist und der anderen das Ringen um Wahrheit und Gerechtigkeit abgesprochen werden kann. Das trägt durchaus zur Befriedungsfunktion der Rechtsprechung bei – und letztlich auch zur Urteilsbefolgung. Zudem gehen von Sondervoten nicht zu unterschätzende Demokratisierungseffekte aus, weil unterlegene Parteien durch Minderheitenvoten in vielerlei Hinsicht quasi von höchster Stelle durch einen (oder mehrere) Vertreter der verfassungsrichterlichen Elite dazu ermutigt werden, auf rechts- und verfassungspolitische Meinungsumschwünge hinzuwirken, die letztlich auch von den Recht sprechenden Instanzen berücksichtigt werden müssen bzw. sogar den Gesetzgeber zu (verfassungs-)gesetzgeberischen Korrekturen veranlassen (Höreth 2011: 202 ff.). Christian Pestalozza hat diesen Aspekt besonders unterstrichen:

> Den großen Vorzug dieser Einrichtung sehe ich darin, dass sie das, was jedermann ohnehin weiß oder vermutet, transparent und öffentlich macht. Nicht alles Verfassungsrecht ist konsensfähig. Der Maßstab der Verfassung ist so politisch und so vage, dass sich auch aus größter Distanz und mit bestem Sachverstand nur eine Mehrheitsmeinung, nicht aber Einmütigkeit finden lässt. Wer ein Sondervotum abgibt, ist kein schlechter Verlierer, sondern belegt zunächst einmal die Qualität und Intensität der gerichtsinternen Argumentation, detaillierter und pointierter als dies die Mehrheitsentscheidung ihrer Funktion nach kann. Im Übrigen sind Mehrheiten wandelbar und mögen sich Sondervoten auf lange Sicht auszahlen (Pestalozza 1982: 32).

Mit Blick auf die Entwicklungsmöglichkeiten des Verfassungsrechts, seine Offenheit, Flexibilität und Anpassungsfähigkeit ist insbesondere der letzte von Pestalozza angesprochene Punkt von entscheidender Bedeutung. Peter Häberle geht sogar so weit zu behaupten, dass sich Rechtsprechungsschwenks von Verfassungsgerichten, die sich nicht auf „besondere Umstände" zurückführen lassen, im Grunde nur dann wirklich legitimieren lassen, wenn ihnen in ähnlich gelagerten Fällen Minderheitsvoten vorausgegangen sind, in denen die „neue Auffassung" bereits zum Ausdruck gekommen sei, die nunmehr zur Begründung der neuen Rechtsprechung herangezogen werden können (Häberle 1979: 26). Dies erscheint zwar insofern übertrieben, als Rechtsprechungsschwenks auch dann prinzipiell möglich sein müssen, wenn vorangegangene Sondervoten nicht existieren, denn ansonsten wären die Richter um sich ihren Rechtsprechungsspielraum auch in Zukunft zu erhalten, „im Blick auf künftige Entscheidungen gleichsam zu einer Vorratspolitik gezwungen" (Schlaich/Korioth 2012: 33). Gleichwohl erleichtern vorangegangene Sondervoten Rechtsprechungsschwenks ungemein, da sie mit Argumenten begründet werden, die von der „offenen Gesellschaft der Verfassungsinterpreten" (Häberle 1975) bereits diskutiert und geprüft worden sind. In manchen Fällen sind Sondervoten sogar die Voraussetzung für Rechtsprechungsschwenks, wenn sie neue Ideen und Verfassungsinterpretationen beinhalten, die sich erst mit der Zeit durchsetzen. Auf diese Weise können Minderheitenvoten der Vergangenheit zur Argumentationsgrundlage von Mehrheitsvoten der Gegenwart und Zukunft werden. Die beiden im Folgenden aufgeführten Beispiele sind besonders aufschlussreich.

Parteienfinanzierung (1986 und 1992)

Die neuere Rechtsprechung des BVerfG zur Parteienfinanzierung, in der die staatliche Finanzierung der politischen Parteien über die Wahlkampfkostenerstattung hinaus erlaubt wird,[79] basiert explizit auf einem Sondervotum von Ernst-Wolfgang Böckenförde in einem früheren Fall.[80] Böckenförde hatte seinen Richterkollegen in diesem vorangegangenen Urteil ins Stammbuch geschrieben, dass die vom Gesetzgeber getroffene und von der Mehrheit des Senats bestätigte Regelung, den Höchstbetrag für die steuerliche Abzugsfähigkeit von Zuwendungen an politische Parteien bis zu 100 000 DM auszudehnen, nicht mit dem Gebot der gleichen Teilhabe des Bürgers an der politischen Willensbildung vereinbar sei. Dieser Gedanke setzte sich sechs Jahre später durch:

> *Abweichend von dem in seinem Urteil vom 14. Juli 1986 eingenommenen Standpunkt, jedoch in Übereinstimmung mit der seinerzeit von Richter Böckenförde vertretenen Abweichenden Meinung, [...], hält der Senat im Übrigen dafür, dass [...] die steuerliche Begünstigung hoher Spenden natürlicher Personen im Blick auf das Recht des Bürgers auf gleiche Teilhabe an der politischen Willensbildung durchgreifenden verfassungsrechtlichen Bedenken ausgesetzt ist.*[81]

Um zum einen die Finanzierung der politischen Parteien dennoch grundsätzlich sicherzustellen, zum anderen das Prinzip des Chancenausgleichs

---

79 BVerfGE 85, 264 – Parteienfinanzierung II (1992).
80 BVerfGE 73, 40 (103) – 3. Parteispendenurteil (1986).
81 BVerfGE 85, 264 (314 f.).

zwischen den Parteien zu wahren, traf die staatliche Parteienfinanzierung, definiert als „Chancenausgleichsregelung", erstmals auf verfassungsrichterliche Zustimmung. Ohne die von Böckenförde zuvor errichtete und zunächst im wissenschaftlichen Schrifttum betretene argumentative Brücke wäre dieses Urteil wohl kaum denkbar gewesen.

Schwangerschaftsabbruch (1975 und 1993)
Ähnlich einflussreich wie Böckenfördes abweichende Meinung von 1986 ist auch ein Sondervotum von Helmut Simon und Wiltraut Rupp von Brünneck im Abtreibungsurteil von 1975 gewesen.[82] Das BVerfG entschied damals, dass die gesetzgeberische Novellierung des § 218 StGB und hierbei insbesondere die sogenannte „Fristenregelung", nach der die straffrei bleibende Abtreibung in den ersten zwölf Wochen der Schwangerschaft ermöglicht werden sollte, verfassungswidrig sei. Die Mehrheitsrichter betonten, dass der Staat eine Schutzpflicht gegenüber dem ungeborenen Leben habe, die sich aus Art. 1 Abs. 1 Satz 2 GG ableite. Aus dieser Schutzpflicht wiederum, so die Richtermehrheit, ergebe sich die Notwendigkeit, Frauen, die abtreiben, zu bestrafen. Helmut Simon verwahrte sich in seiner abweichenden Meinung gegen die damalige Mehrheitsauffassung, dass die einer Grundrechtsnorm enthaltene objektive Wertentscheidung zum Schutz eines bestimmten Rechtsgutes genügen solle, um daraus eine Pflicht zum Strafen herzuleiten. Er fürchtete, dass auf diese Weise die Grundrechte als Garantien für die Freiheitssicherung allmählich zur Grundlage von allerlei freiheitseinschränkenden Reglementierungen werden könnten. 1993 musste sich das BVerfG erneut mit dem Problem befassen.[83] Zwar bestätigte es erneut die Verfassungswidrigkeit einer gesetzlichen Regelung zum Schwangerschaftsabbruch. Diesmal wurde an der Neuregelung u. a. beanstandet, dass sie den Schwangerschaftsabbruch in den ersten zwölf Wochen als „nicht rechtswidrig" deklarierte. Unrecht sollte der Schwangerschaftsabbruch in den Augen der Mehrheitsrichter weiterhin bleiben, doch unter Umständen eben auch „straffrei". Aus der weiterhin bestehenden Schutzpflicht des Staates gegenüber dem ungeborenen Leben lässt sich nicht mehr zwingend dessen Pflicht ableiten, abtreibende Frauen auch bestrafen zu müssen. Das BVerfG schloss sich damit 18 Jahre nach dem Sondervotum den beiden damaligen Abweichlern an und wies dem Gesetzgeber so einen Weg, um

---

82 BverfGE 39, 1 – Schwangerschaftsabbruch I (1975).
83 BVerfGE 88, 203 – Schwangerschaftsabbruch II (1993).

das Recht auf Abtreibung endlich in verfassungsgemäßer Form verabschieden zu können. Der Schutzpflicht des Staates, so entschied es nun der Gesetzgeber im Einklang mit dem Urteil, könne auch durch eine umfangreiche Pflicht zur Beratung abtreibungswilliger Frauen Genüge getan werden. Wie stark Sondervoten die verfassungsrechtliche Entwicklung demokratischer Verfassungsstaaten beeinflussen können, zeigt nicht zuletzt der vergleichende Blick auf den *Supreme Court* in den USA, dem es von Anfang an unbenommen blieb, Sondervoten zu fertigen und zu veröffentlichen. Generell gelten in den USA die Sondervoten als „Zitadelle der freien Richterpersönlichkeit" (Cohn 1956: 64). Sie waren immer schon möglich, haben sich aber beim *Supreme Court* erst allmählich durchgesetzt. Welche Wirkungen *dissenting opinions* in der US-amerikanischen Verfassungsentwicklung haben, wird häufig an den zwei folgenden historischen Beispielen illustriert:

Plessy vs. Ferguson (1896)
Im Jahre 1896[84] fällte der Oberste Gerichtshof mit einer komfortablen Stimmenmehrheit von 7:1 eine der kontroversesten Entscheidungen seiner Geschichte. Gegenstand des Falls war die Verfassungsmäßigkeit eines Gesetzes des Staates Louisiana, das getrennte Abteile für Schwarze und Weiße in Eisenbahnzügen vorschrieb. Mit dieser Entscheidung wurde die Doktrin *separate but equal* etabliert, mittels derer die Rassentrennung in den Südstaaten generell für verfassungsgemäß erklärt wurde. Richter John Marshall Harlan empfand das Urteil als Schande in der Geschichte des Gerichts und widersprach der Gerichtsmehrheit mit dem berühmten Diktum: „Our constitution is colourblind, and neither knows nor tolerates classes among citizens." Die *separate but equal*-Doktrin wurde schließlich 1954, und damit erst 58 Jahre nach *Plessy*, mit dem – einstimmig entschiedenen – Urteil im Fall *Brown v. Board of Education*[85] aufgehoben. Doch der in seinem Sondervotum formulierte kurze Satz zur Farbenblindheit der Verfassung wurde eine die Rechtsprechung des *US Supreme Court* bis auf den heutigen Tag prägende und damit „kanonisierte" Leit- und Ordnungsidee mit *legal authority* (Ackerman 1991: 146), während die damalige Mehrheitsmeinung in *„Plessy"* inzwischen Bestandteil des nicht mehr weiter zu berücksichtigenden „Antikanons" der *Supreme Court*-Rechtsprechung geworden ist (Primus 1998: 243).

---

84 163 U.S. 537 (1896).
85 347 U.S. 483 (1954).

Lochner vs. New York (1905)

Im Jahre 1905[86] widersprachen erneut die Richter John Marshall Harlan und Oliver Wendell Holmes der Entscheidung der Gerichtsmehrheit, die ein Gesetz des Staates New York für unzulässig erklärte, durch das die Arbeitszeit von Arbeitern in Bäckereien aus gesundheitlichen Gründen beschränkt wurde. Ganz gegen die damals herrschende Wirtschaftstheorie des *laissez-faire* wies vor allem Holmes darauf hin, dass der Verfassung keine bestimmte Wirtschaftstheorie zugrunde liege: „A constitution is not intended to embody a particular economic theory."[87] Von dieser Erkenntnis ausgehend, kommen Harlan und Holmes zu dem Schluss, dass mit der angegriffenen staatlichen Regulierung schon deshalb kein verfassungswidriger, weil unverhältnismäßiger Eingriff in die Vertragsfreiheit von Arbeitgebern und Arbeitnehmern vorliegen könne, weil dem Gesetzgeber eine Einschätzungsprärogative für die Angemessenheit von Schutzvorschriften eingeräumt werden müsse. Die aufgrund der Mehrheitsentscheidung als *Lochner Era* bezeichnete Phase der Rechtsprechung wurde letztlich erst mit jenen ab 1937 auf Holmes Sondervotum rekurrierenden Entscheidungen beendet, die schließlich den Weg für die *New Deal*-Gesetze frei machten.[88]

Wie gesehen, sollte es in beiden Fällen noch lange dauern, bis sich die abweichende Meinung in der Rechtsprechung durchsetzen konnte. Inzwischen sind diese ehemaligen Minderheitenmeinungen und die mit ihnen verbundenen Leit- und Ordnungsideen „kanonisiert" und prägen die heutige Rechtsprechung und auch die Wissenschaft und Lehre sogar stärker als manche bis heute unwidersprochen gebliebene Entscheidung des *Supreme Court*. Ebenso wichtig wie ihr Nutzen bei der revisionsoffenen Verfassungsinterpretation ist die Wirkung der beiden angeführten Sondervoten in der damaligen verfassungspolitischen Debatte gewesen. In der Zeit zwischen ihrer Veröffentlichung 1896 und 1905 und ihrer juridischen Durchsetzung Jahrzehnte später haben die in den *dissenting votes* enthaltenen Ideen die Auseinandersetzungen um die Integration der Farbigen (*Plessy*) einerseits und um staatliche Interventionen in die Wirtschaft (*Lochner*) andererseits maßgeblich geprägt. Tatsächlich haben gerade die dissentierenden Meinungen von Harlan und Holmes mittels der in ihnen enthaltenen

---

86 198 U.S. 45 (1905).
87 198 U.S. 45 (1905), 75.
88 300 U.S. 379 – "*West Coast Hotel C. v. Parrish*" (1937); 301 U.S. 1 – "*NLRB v. Jones & Laughlin Steel Corp.*" (1937).

Ordnungsideen auf den Jahrzehnte später in Zeiten der Wirtschaftskrise zu beobachtenden Meinungsumschwung in der amerikanischen Öffentlichkeit in der Grundsatzfrage „Vertragsfreiheit vs. staatliche Intervention (aus Gründen des Gemeinwohls)" argumentativ und diskursiv hingewirkt. Die beiden Richter werden in den USA daher als Propheten einer veritablen, ab 1937 einsetzenden „Verfassungsrevolution" (Leuchtenberg 1995) angesehen. Vor allem Holmes *Lochner*-Dissent wird als „the greatest judicial opinion of the last hundred years" (Posner 1988: 285) gefeiert, mit dem ein Wendepunkt in der amerikanischen Verfassungsgeschichte eingeleitet wurde. Nützlich bleibt Holmes berühmtes Sondervotum übrigens auch in verfassungspolitischen Kontroversen der Gegenwart. Am *Lochner*-Dissent orientierte sich der *US Supreme Court,* – allen voran der eigentlich als erzkonservativ geltende *Chief Justice* John Roberts als Verfasser der 5:4-Mehrheitsmeinung –, als er jüngst die Verfassungskonformität von Obamas Gesundheitsreform zur Überraschung vieler Beobachter und zur Verärgerung vieler konservativer Republikaner bestätigt hatte.[89]

Der ebenso berühmte *Plessy*-Dissent von Harlan zur „farbenblinden Verfassung" wiederum hat bis heute einen strukturierenden, dabei aber durchaus ambivalenten Einfluss auf den gesellschaftlichen Diskurs um die politischen Programme zur Emanzipation der farbigen Bevölkerung. Sowohl Befürworter wie Gegner berufen sich auf das berühmte Sondervotum: Liberale Befürworter der *affirmative action* berufen sich auf Harlan wegen seiner für damalige Verhältnisse progressiven Haltung zu Fragen der Gleichberechtigung der farbigen Bevölkerung. Konservative Gegner hingegen weisen gerade wegen der von Harlan behaupteten Farbenblindheit der Verfassung süffisant darauf hin, dass einseitig zu Gunsten der schwarzamerikanischen Bevölkerung aufgelegte Programme ausgehend von Harlans Erkenntnissen als verfassungswidrig eingestuft werden müssten.

Die Sondervoten der BVerfG-Rechtsprechung haben sicherlich nicht jenen prägenden Einfluss auf die Verfassungsentwicklung wie jene in den USA. Dennoch zeigt die vergleichende Perspektive einige Vorzüge von Sondervoten auf, die prinzipiell auch für jene des BVerfG gelten. Für beide Gerichte gilt, dass die prinzipiell gegebene Option einer späteren Umwandlung eines Minderheitsvotums in eine Mehrheitsmeinung ihrem institutionellen Eigeninteresse entspricht. Beim *US Supreme Court* liegt dies auf der Hand: Hält sich das Gericht bei der Bearbeitung eines Falls im-

---

89 567 U.S. 11 – *National Federation of Independent Business v. Sebelius* (2012).

mer strikt an vorangegangene Mehrheitsentscheidungen (beim *Supreme Court* nach dem Prinzip der *stare decisis*), dann ist es bei der Auslegung von Bedeutung und Sinngehalt (*meaning*) dieser älteren Entscheidung, die es dem aktuellen Fall zugrunde legen will, immer sehr stark eingeschränkt. Bleibt aber eine positive Bezugnahme auf ein vorangegangenes Sondervotum prinzipiell immer möglich, erweitert das Gericht seinen Entscheidungsspielraum. Den benötigt es, um seine Rechtsprechung buchstäblich von Fall zu Fall an neue Entwicklungen anzupassen. Das Minderheitsvotum ist für die Erweiterung des richterlichen Entscheidungsspielraums vor allem deshalb so wichtig, weil in ihm nur eine Meinung vertreten wird, was das Recht *nicht sein soll*, also nur die *eine* Mehrheitsmeinung abgelehnt wird, es aber zugleich relativ offen lässt, welche alternativen Rechtsauffassungen möglich sind. Entscheidet sich das Gericht dafür, das alte Sondervotum zu „aktivieren", also mit seiner Hilfe neues Recht zu sprechen, erweitert es in der Regel nicht nur automatisch seinen eigenen richterlichen Entscheidungsspielraum (für zukünftige Fälle), sondern erschließt häufig auch dem Gesetzgeber neue wichtige Betätigungsfelder. So hat z. B. die Revitalisierung des *Lochner*-Dissents als argumentative Grundlage einiger bahnbrechender Urteile ab 1937 dazu geführt, dass dem Kongress keinerlei Fesseln mehr angelegt wurden, wenn er seine *commerce power* für umfangreiche Regulierungen und Interventionen in die Wirtschaft nutzte (Höreth 2008a: 209 ff.).

Wenngleich hinsichtlich der politischen Tragweite weniger bedeutend, lässt sich Ähnliches auch im Zusammenspiel von BVerfG und Bundesgesetzgeber bei den beiden geschilderten Fällen in Deutschland konstatieren: Erst als das BVerfG 1993 das 18 Jahre alte Sondervotum von Böckenförde revitalisierte und zur Richtschnur der eigenen Mehrheitsrechtsprechung machte, eröffneten sich dem Bundestag bis dahin verschlossene Möglichkeiten, die Parteienfinanzierung umfassend neu regeln. Und erst als das BVerfG unter Bezugnahme auf das Sondervotum von Simon und Rupp von Brünneck seine restriktive Rechtsprechung zur Abtreibung korrigierte, wurde dem Gesetzgeber endlich ein Weg aufgezeigt, Schwangerschaftsabbrüche gesetzlich so zu regeln, dass diese straffrei bleiben konnten, ohne dass der Staat seine Schutzpflicht gegenüber dem ungeborenen Leben verletzt. Wenn auch hierzulande aufgrund deutlich seltener späterer „Umwandlungen" von Minderheitsmeinungen in Mehrheitsmeinungen nicht in der gleichen Intensität wie beim *US Supreme Court*, so profitiert auch das BVerfG — zuweilen eben indirekt auch der Gesetzgeber — von der Institution der Sondervoten.

5 Probleme der Verfassungsgerichtsbarkeit

5.1 Demokratie unter gerichtlicher Vormundschaft?

Das BVerfG als „Erzieher" der deutschen Demokratie
Der Erfolg, der dem BVerfG beschieden war, lässt sich nur vor dem Hintergrund der Besonderheiten der Entwicklung einer jungen Demokratie verstehen, die sich — legt man alleine die Intentionen des Verfassungsgebers zugrunde — von der NS-Zeit so stark wie möglich abgrenzen wollte. Als neue und unbelastete Institution konnte das Gericht gerade in der Anfangszeit eines noch kaum gefestigten politischen Systems seine eigene Rolle selbstbewusst definieren und beim Weiterbau des demokratischen Verfassungsstaats maßgeblich mitwirken. Das Gericht profitierte gerade in den ersten Jahrzehnten seiner Tätigkeit unzweifelhaft von einer vordemokratischen autoritätsgläubigen politischen Kultur (Helms 2006: 68). Hinzu kam, dass Recht und Justiz in Deutschland eine stärkere Hochschätzung erfahren haben als die vergleichsweise schwachen parlamentarischen und demokratischen Traditionen. Deshalb richteten sich die Erwartungen eines noch immer recht autoritätsgläubigen Volkes stärker auf die Justiz als auf die Parteien und die Verwaltung. Diesen Umstand konnte sich das neue Gericht zunutze machen, indem es den Respekt, den die Deutschen ihren Höchstgerichten traditionell zollten, auf sich umleitete. Dabei, und das ist die Schattenseite, wurde das Gericht zum „gütigstrengen Vormund einer betreuten Demokratie, die sich selbst nicht recht traute" (Schönberger 2011: 43).

Die Rolle, die das BVerfG innerhalb der neuen Ordnung gespielt hat, lässt sich daher auch als die eines *Erziehers* bzw. *Präzeptors* (Lhotta 2011: 11) interpretieren. Der Erziehungsauftrag wurde vom Gericht selbst so verstanden, dass der Primat des Politischen dem Primat der Verfassung weichen musste. Nur so konnte die Erfolgsgeschichte des Gerichts Hand in Hand gehen mit der Erfolgsgeschichte des Grundgesetzes selbst. Beide Erfolgsgeschichten bedingen einander. In ihrem Schicksal sind BVerfG und Grundgesetz deshalb aufeinander angewiesen (Voßkuhle 2009). Dabei half dem BVerfG, dass niemals zuvor in der deutschen Geschichte eine

Verfassung sowohl so starke rechtspraktische, also im engeren Sinne juristische, als auch allgemeine politisch-kulturelle Bedeutung gewinnen konnte, wie das Provisorium des Grundgesetzes. Das Rekurrieren auf die Verfassung wurde nicht nur zur Pflichtaufgabe von Juristen, die mehr und mehr zur Kenntnis nahmen, wie sich die gesamte Rechtsordnung und die Gesetzgebung am Grundgesetz und der in ihr enthaltenen, sämtliche Rechtsbeziehungen durchdringenden und daher allbezüglichen Wertordnung orientierten. Der Verweis auf die Verfassung wurde auch zu einer Art Volkssport für die deutschen Bürgerinnen und Bürger, wenn sie sich für besondere politische Ziele einsetzten, die Verfassungsrang besitzen bzw. ihrer Meinung nach doch dringend haben müssten, z. B. formuliert als „Staatsziele".

Die Bedeutung des Verfassungsrechts zeigt sich auch im politischen Wettbewerb. Viele wichtige politische und gesetzgeberische Auseinandersetzungen werden maßgeblich von verfassungsrechtlichen Argumenten getragen. Werden diese erst einmal von einer Seite angeführt, muss die Gegenseite ebenfalls verfassungsrechtlich argumentieren, um nicht den Anspruch zu verlieren, eine legitime Position zu vertreten. Zu so unterschiedlichen Problemen wie dem Auslandseinsatz der Bundeswehr,[90] der Pendler-Pauschale[91] oder aber zur Höhe der Hartz IV-Sätze[92] wurden von den jeweiligen Regierungsmehrheiten und Oppositionen vor allem verfassungsrechtliche Argumente vorgetragen. Einer Lösung ließen sich die Probleme bezeichnenderweise jedoch erst zuführen, nachdem das BVerfG selbst in der Sache entschieden hatte. Vor diesem Hintergrund ist es keineswegs übertrieben, wenn teils bewundernd, teils mit kritischem Unterton von einer „Konstitutionalisierung der Rechtsordnung" (Jestaedt 2011: 86) gesprochen wird, die sich im Zuge der bundesrepublikanischen Verfassungsgeschichte eingestellt hat. Das Grundgesetz wurde so nicht nur zu einer technischen, weil rechtlichen Integrationsordnung des Gemeinwesens, sondern zu einer Art „Nation-Ersatz" (Isensee 1986). Von alleine konnte das nicht passieren: Das in seiner Eigenart typisch (west-)deutsche Phänomen des „Verfassungspatriotismus" (Sternberger 1990) als eines Patriotismus ohne *patria* ist auch und gerade auf die Rechtsprechungsleistungen des Gerichts und seine Erziehungsfunktion zurückzuführen.

---

90 BVerfGE 90, 286 – Auslandseinsatz deutscher Soldaten (1994).
91 BVerfGE 122, 210 – Pendlerpauschale (2008).
92 BVerfGE 125, 175 – Hartz IV (2010).

Diese Rollenzuschreibung ist jedoch in anderen demokratischen Verfassungsstaaten ebenfalls nicht unbekannt (Bickel 1961: 188; Eisgruber 1992: 962). Vor allem in jenen mit diktatorischer Vergangenheit nicht, in denen neu geschaffene Verfassungsrichte nicht zuletzt Ausdruck des Misstrauens gegenüber den alten diskreditierten Eliten sind. Es ist jedoch evident, dass ein Verfassungsgericht nicht ewig die Rolle des „Präzeptoren" spielen kann. Denn spätestens dann, wenn die verfassungsgerichtlich überwachten politischen Akteure mündig geworden sind, verliert der Erziehungsanspruch des Gerichts seine Legitimität, wodurch es selbst allmählich überflüssig werden könnte (Haltern 1997: 80). Allerdings ist es zu letzterem noch nicht gekommen. Das Gericht wird durchaus noch gebraucht. Doch der manchmal zu beobachtende Habitus des Gerichts gegenüber der Politik wird in jüngster Zeit als ein Abkanzeln von oben herab interpretiert und deshalb, wohl zu Recht, häufiger kritisiert.

Demokratieprinzip vs. Verfassungsprinzip

Damit wendet sich der Blick zu einer politikwissenschaftlichen Schlüsselfrage: dem Verhältnis von Verfassungsrecht und Politik bzw. zwischen Verfassungsprinzip und Demokratieprinzip. Der Vorwurf, mit dem BVerfG habe sich eine Art „Oligarchie in der Demokratie" ausgebildet (Brohm 2001), ist in dieser Pauschalität sicher nicht haltbar. Doch Verfassungsrecht als politisches Recht setzt nicht nur den Rahmen für politisches Handeln, sondern beinhaltet nach der expansiven Interpretation durch das BVerfG auch inhaltlich-materielle Zielvorgaben, an die sich die Politik halten muss. Ein oft gehörter Vorwurf an das BVerfG lautet daher, es betreibe durch seine Rechtsprechung eine Juridifizierung der Politik. Dabei missachte es den weiten Spielraum, den die Verfassung dem Gesetzgeber ursprünglich geboten habe, indem es diesen durch seine Urteile in unzulässiger Weise einenge. Diese Kritik ist nicht neu, und hat dem BVerfG den Vorwurf eingehandelt, es gebärde sich als „Übergesetzgeber", „Ersatzgesetzgeber" oder als „Dritte Kammer" im bundesrepublikanischen Regierungssystem (Stern 1980: 11). Diskutiert wird dieses Problem insbesondere im Zusammenhang mit der (abstrakten) Normenkontrolle, durch die das Verfassungsgericht in die Domäne des demokratisch legitimierten Gesetzgebers unmittelbar eingreifen kann. Schon 1978 mahnte der damalige Justizminister Jochen Vogel, das Bundesverfassungsgericht solle der Versuchung widerstehen, „die Verfassung in allzu kleine Münze umzuwechseln und bei Detailfragen mit dem Argument aufzutreten, dies und nichts anderes gebiete das Grundgesetz" (zit. bei Säcker 2003: 26). Vogel reagierte mit dieser Kritik auf ein Gericht, dass sich oft nicht damit begnügen will, die bestehende Gesetzeslage als verfassungswidrig zu verwerfen, sondern darüber hinaus auch genaueste Vorgaben darüber macht, wie denn ein verfassungskonformes Gesetz aussehen müsse und bis zu welchem Zeitpunkt es zu erlassen sei. Befürworter einer größeren Selbstzurückhaltung des Gerichts verweisen in diesem Zusammenhang gerne auf die USA, wo die *political-question*-Doktrin dem Obersten Gerichtshof die Möglichkeit gibt, eine Streitentscheidung mit Verweis auf ihren politischen Charakter zu verweigern. Dieser Ausweg ist in der Bundesrepublik aus einer Reihe von Gründen allerdings versperrt.

Der wichtigste Grund hierfür liegt im symbiotischen Verhältnis von Recht und Politik, oder anders ausgedrückt an der besonderen Kopplung von Recht und Politik im demokratischen Verfassungsstaat (Jestaedt 2011: 103 ff.). Das gilt schon allgemein: So wie sich die Politik des Rechts als Gestaltungsmedium bedient, so trägt das Recht, wenn es gesellschaftliche Beziehungen regelt, immer auch politischen Charakter. Dies gilt zumal für das Verfassungsrecht, das seinem Wesen nach politisches Recht ist. Auch Verfassungsfragen sind justiziable Fragen, die durch Richter im Wege der Rechtsprechung zu beantworten sind. Eine Einsicht, die voraussetzt, dass es sich bei der Verfassung tatsächlich überhaupt um Recht handelt. Rechtsfragen wiederum kann und darf das BVerfG nicht ausweichen. In verfassungshistorischer Hinsicht ist die Erkenntnis, dass die Verfassung Recht ist, jedoch neueren Ursprungs. Noch in der Weimarer Republik wurde der reguläre Rechtscharakter der Verfassung bezweifelt. Die Verfassung stellte aus dieser Perspektive – für die vor allem Carl Schmitt (1928) Pate stand – eher eine vor- und außerrechtlich gedachte und damit nicht justiziable *politische* Grundentscheidung dar. Von dieser Vorstellung hat man inzwischen gründlich Abstand genommen. Das Grundgesetz stellt zwar dem Rang nach und auch von den Regelungsgegenständen und letztlich auch von seinen Entstehungsvoraussetzungen her besonderes Recht dar, gleichwohl ist es reguläres positives Recht. Innerhalb der innerstaatlichen positivrechtlichen Normenhierarchie steht die Verfassung an der Spitze und gewinnt über diese Position die Fähigkeit, alles übrige positive Recht innerhalb der staatlichen Rechtsordnung lenken zu können. Abstrakt und von alleine kann dies kaum gelingen. Deshalb übernimmt das BVerfG als letztverbindlicher Interpret der Verfassung deren Lenkungs- und Leitfunktion. Jede Rechtsfrage kann und muss in dieser Perspektive gegebenenfalls als Verfassungsfrage behandelt werden können. Umgekehrt ist jede Verfassungsfrage, die in Verfassungsstreitigkeiten aufgeworfen wird, eine reguläre Rechtsfrage, die vom Bundesverfassungsgericht entschieden werden kann und auch muss. Dieser Verpflichtung kann das BVerfG, selbst wenn es wollte, nicht ausweichen.

Selbst wenn die abweichende Tradition des angelsächsischen Rechtssystems in Rechnung gestellt wird, liegt in der durch die *Supreme Court*-Richter verantwortete Bewertung einer Streitfrage als politisch stets sogar ein potenzielles Element der Willkür. Dem deutschen Verfassungsgericht bleibt ein solcher Ermessensspielraum versagt. Wann immer verfassungsrechtliche Aspekte tangiert sind, muss es sich mit einer Angelegenheit, die ihm als Streitfall vorgelegt wird, befassen. Vordergründig betrachtet, muss dann aber die rechtsprechende Gewalt auch keine Rücksicht gegenüber politischen Mehrheiten üben. Wird vom – auch positivrechtlichen – Vorrang der Verfassung ausgegangen, dann wird die *counter-majoritarian difficulty* (Bickel 1962), die darin liegt, dass die rechtsprechende Gewalt mehrheitlich beschlossene Akte der gesetzgebenden Gewalt aufheben und insoweit als *negativer Gesetzgeber* (Kelsen 1929: 56) wirken kann, deutlich entschärft. Denn auch die Gesetzgebung ist durch das Recht, hier die Verfassung, gebunden. Auch diese besondere Form der Rechtsbindung kann und muss einer justiziellen Kontrolle unterzogen werden (Böckenförde 1999: 161), unabhängig von bestehenden politischen Mehrheiten. Die Bindung auch des Gesetzgebers an ein Recht höheren Ranges ist nur dann eine echte Bindung, wenn es eine Instanz gibt, die sie gegenüber dem Gesetzgeber zur Geltung bringen kann. Eben dies ist die Kernkompetenz des Verfassungsgerichts (Kielmansegg 2005: 2). Alles was es braucht, damit ein Gericht entsprechend tätig wird, ist ein Akteur, der ihm einen entsprechenden Fall zur Prüfung vorlegt.

Der letzte Punkt verweist auf eine wichtige Begrenzung der Verfassungsgerichtsbarkeit: Das BVerfG kann nicht aus eigenem Antrieb, sondern erst nach Anrufung tätig werden. Damit unterscheidet es sich prinzipiell von den anderen Verfassungsorganen, die im politischen Entscheidungsprozess eine aktive Rolle übernehmen. Womöglich sollten Missbrauchsvorwürfe, wenn sie denn erhoben werden, weniger auf die Entscheider als an die Initiatoren der Klagen gerichtet sein. Dies gilt vor allem für die parlamentarische Opposition, die durch das Institut der (abstrakten) Normenkontrolle über ein Mittel verfügt, die Gesetzesvorhaben der Regierungsmehrheit nachträglich zu verhindern. Das Problem liegt dabei darin, dass die von der Opposition deklarierten verfassungsrechtlichen Probleme oft nur als Vorwand dienen, um der Regierung in der politischen Auseinandersetzung eine Niederlage beizubringen. Das Verfassungsgericht kann also ohne eigenes Zutun in den Parteienwettbewerb hineingezogen und als Vetospieler instrumentalisiert werden. Interessanterweise haben in der Vergangenheit unter der abstrakten Normenkontrolle vor allem SPD-geführte Bundesregierungen gelitten. So haben sich viele Reformvorhaben der sozialliberalen Koalition (1969–1982) in einem verfassungsrechtlich sensiblen Bereich bewegt, etwa beim Grundlagenvertrag, bei der Hochschulorganisation, bei der Wehrpflichtreform oder auch bei der Einführung der Fristenlösung für den Schwangerschaftsabbruch. Die Regierung musste damals also bei einigen Politikvorhaben ein großes verfassungsrechtliches Risiko eingehen, was die CDU/CSU-Opposition nutzen konnte, um Regierungsvorhaben in Karlsruhe zu Fall zu bringen. Die Sozialdemokraten wiederum mussten die Karlsruher Urteile als fortgesetzte Obstruktion ihrer Reformpolitik interpretieren.[93] Die Lage entspannte sich aus ihrer Sicht erst, als ihr im Mitbestimmungsurteil[94] in Karlsruhe ein klarer Sieg gelang.

Bleibt zuletzt die Kritik an der „Regelungsfreudigkeit" des Gerichts. Zuweilen ist es verwunderlich, auf welche Weise das BVerfG seinen Spielraum bei der Verfassungsinterpretation nutzt, um weit in die Gestaltungsfreiheit des Gesetzgebers einzugreifen. Von „außen" abzustellen ist dieser richterliche Aktivismus jedoch nicht, da nur das Gericht selbst die Grenzen seiner eigenen Rechtsprechung markiert. Ein massiver Eingriff seitens der Politik in die Unabhängigkeit des Gerichts ist nicht ratsam, genießt doch das BVerfG die höchsten Zustimmungsraten unter allen Bundesorganen. Das verwundert nicht, denn es hat, obwohl es politisch bedeutsame Urteile fällt, den Ruf, dem politischen Wettbewerb und dem üblichen Streit zwischen den Parteien enthoben zu sein. Viele Bürger machen es sich damit möglicherweise zu einfach. Sie kultivieren regelrecht die naiv anmutende Vorstellung, dass das Gericht „nur" rechtliche Entscheidungen träfe und sich dabei nur am Recht orientiere. Man mag es eine weitverbreitete Illusion nennen oder doch eine korrekte Funktionsbeschreibung der Rolle des Verfassungsgerichts – in der Konsequenz erlangt das BVerfG auf diese Weise eine quasi neutrale Stellung als *pouvoir neutre*, die ihm Glaubwürdigkeit und Autorität verleiht. Das ist ein Pfund,

---

93 BVerfGE 36, 1 – Grundlagenvertrag (1973); BVerfGE 35, 79 – Hochschul-Urteil (1973); BVerfGE 48, 127 – Wehrpflichtnovelle (1978); BVerfGE 39, 1 – Schwangerschaftsabbruch I (1975).
94 BVerfGE 50, 290 – Mitbestimmung (1978).

mit dem das Gericht wuchern kann. Es muss aber ständig auf der Hut sein, dass es diese Autorität nicht verspielt, indem es sich zu stark in den politischen Prozess einmischt.

Auch aus anderen Gründen, die mit der Gesamtentwicklung des politischen Systems zusammenhängen, erscheint eine zu starke Einmischung des BVerfG in politische Prozesse kontraproduktiv. Um der zuerst von Alexis de Tocqueville formulierten Gefahr einer „Tyrannei der Mehrheit" zu begegnen, wurde das Verfassungsgericht auch ganz bewusst als Gegengewicht zu den stabilen Regierungsmehrheiten (Regierung plus parlamentarische Mehrheit) konzipiert, die die Demokratie des GG hervorbringen sollte. Seine Aufgabe bestand u. a. darin, der Parlamentsmehrheit Schranken zu setzen. In der Gegenwart macht diese Funktionsbeschreibung kaum mehr einen Sinn. Regierungsmehrheiten in Deutschland werden inzwischen auch durch andere Faktoren wirksam beschränkt. Einer der wichtigsten dieser Faktoren ist der föderale Verhandlungszwang, dem sich jede Regierung gegenüber dem zunehmend heterogener zusammengesetzten Bundesrat ausgesetzt sieht. Regierungsmehrheiten müssen deshalb immer häufiger Kompromisse mit der Opposition eingehen. Die parlamentarische Mehrheitsdemokratie des Grundgesetzes wird immer stärker zu einer Verhandlungsdemokratie. Unter diesen Umständen verliert das BVerfG zusehends seine Rolle als der entscheidende Widerpart gegenüber stabilen Regierungsmehrheiten, denn diese gibt es immer seltener. Übermäßig häufige Einmischungen des BVerfG verstärken so nur noch den Eindruck von Lähmungserscheinungen, von denen das politische System ohnehin bereits betroffen ist. Und sie nähren den Verdacht, die bundesrepublikanische Demokratie stehe noch immer ein wenig unter gerichtlicher Vormundschaft.

Wächter über die deutsche Europapolitik

Am stärksten ist die Bevormundung der Politik durch das Gericht auf dem Feld der Europapolitik ausgeprägt. In der *„Lissabon"*-Entscheidung[95] aus dem Jahre 2009 wird dies besonders offenkundig, obwohl das Gericht gerade für dieses Urteil in den Medien zunächst sehr gelobt wurde. Heribert Prantl von der Süddeutschen Zeitung etwa sah durch diese Entscheidung die parlamentarische Demokratie deutlich gestärkt und lobte sie als „Europäische Sternstunde" (Prantl 2009). Zwar hat das BVerfG in diesem

---

95 BVerfGE 123, 267 – *Lissabon* (2009).

Urteil klargestellt, dass im Rahmen des für die EU so eigentümlichen Regierens im Mehrebenensystem die nationalen Parlamente die „Integrationsverantwortung" tragen. Alle wesentlichen Integrationsentscheidungen müssten zukünftig vom Bundestag (und Bundesrat) nicht nur durch Stillschweigen, sondern durch ausdrückliche Zustimmung zur entsprechenden Positionierung der eigenen Regierung in den Verhandlungsarenen der EU abgesegnet werden. Damit scheint der Primat der Demokratie wiederhergestellt, auch und gerade unter den Bedingungen der Europäisierung, denen das deutsche Regierungssystem unterliegt.

Allerdings greift eine solche Einschätzung zu kurz, denn das Gericht behält sich in besagtem Urteil das letzte Wort darüber vor, ob die Grenzen der Integration von Bundesregierung und Bundestag eingehalten werden. Mit dieser Selbstpositionierung verfolgt das Gericht zwei Ziele: Zum einen bemüht sich das Gericht darum,

> die fortschreitende Preisgabe deutscher Staatlichkeit [...] dadurch zu begrenzen, dass es den ‚verfassten politischen Primärraum', lies: den Staat [...] als im Integrationsprozess nicht disponibel erklärt (Lhotta 2011: 95).

Vor allem darf die „Kompetenz-Kompetenz" – also das Recht, darüber zu entscheiden, wie die Zuständigkeiten im EU-Mehrebenensystem im Einzelnen zu verteilen sind –, nicht auf die Union übergehen, denn genauso wie Deutschland seine Eigenschaft als (demokratischer) Staat behaupten muss, darf die EU diese Eigenschaft nicht gewinnen. Zum anderen dient die klare Verortung der „Integrationsverantwortung" beim Bundestag dem Primat der *nationalen* Demokratie, die auch und gerade unter den Bedingungen der Europäisierung unter allen Umständen „gehalten" werden muss. Auch wenn hierfür eine Bevormundung des Parlaments in Kauf genommen wird, weil der Bundestag ohnehin alles dürfe, wozu es nunmehr vom Gericht verpflichtet wurde (Möllers 2009:27), das Gericht lässt einmal mehr durchblicken, dass Demokratie nur im nationalstaatlichen Rahmen möglich sei.

Das BVerfG belässt es nicht beim Deklamatorischen, sondern erteilt dem Bundestag klare Handlungsanweisungen, wie es seiner Integrationsverantwortung gerecht werden müsse.[96] Nachdem das BVerfG dem Bundestag auf diese Weise mehr Demokratie „verordnet" hat, verlangt es zugleich, dass diese Integrationsverantwortung „gegebenenfalls in einem

---

96 Vgl. hierzu die näheren Details bei Höreth (2012: 40 ff.).

verfassungsgerichtlichen Verfahren eingefordert werden kann" (Leitsatz 2a). Hier bringt sich das Gericht selbst ins Spiel, um dann im 4. Leitsatz zu konkretisieren, dass es prüfen wolle,

> ob Rechtsakte der europäischen Organe [...] sich unter Wahrung des [...] Subsidiaritätsprinzips in den Grenzen der ihnen im Wege der begrenzten Einzelermächtigung eingeräumten Hoheitsrechte halten.

Dieser Prüfungsvorbehalt wurde bereits in der Maastricht-Entscheidung entwickelt.[97] Doch sogleich erfolgt eine Ausweitung der Gerichtskontrolle, die es bei genauer Betrachtung in sich hat:

> Darüber hinaus prüft das Bundesverfassungsgericht, ob der unantastbare Kerngehalt der Verfassungsidentität des Grundgesetzes nach Art. 23 Abs. 1 Satz 3 in Verbindung mit Art. 79 Abs. 3 GG gewahrt ist. (...) Anders können die von Art. 4 Abs. 2 Satz 1 EUV-Lissabon anerkannten grundlegenden politischen und verfassungsmäßigen Strukturen souveräner Mitgliedstaaten bei fortschreitender Integration nicht gewahrt bleiben.

Wie ist das zu interpretieren? Zunächst könnte man meinen, das BVerfG wolle sich durch Verweis auf europäisches Primärrecht (Art. 4 EUV) in den Dienst der europäischen Sache stellen. Doch es geht ihm vielmehr um innerstaatliche Selbstautorisierung, denn es besteht auf seiner eigenen und letztinstanzlichen Prüfungsmöglichkeit in dieser Angelegenheit. Zwar wird mit Blick auf europapolitische Grundsatzentscheidungen die Notwendigkeit demokratischer Legitimation über das nationale Parlament an mehreren Stellen der „Lissabon"-Entscheidung betont. Demokratisch legitimiert sei nur das, so heißt es in Anknüpfung an das „Maastricht"-Urteil, „was parlamentarisch verantwortet werden kann".[98] Doch das, was parlamentarisch verantwortet werden kann, reicht dem Gericht als Integrationsverantwortung offensichtlich nicht aus. Daher verlangt es, dass es möglich sein muss,

> die Integrationsverantwortung zur Wahrung des unantastbaren Kerngehalts der Verfassungsidentität [...] im Rahmen einer Identitätskontrolle einfordern zu können.[99]

Das letzte Wort in Sachen „Integrationsverantwortung" soll also in Karlsruhe gesprochen werden — keineswegs im Bundestag (und Bundesrat).

---

97 BVerfGE 89, 155 – Maastricht (1993).
98 BVerfGE 123, 267 (351).
99 BVerfGE 123, 267 (353).

Garant der staatlichen Souveränität

Um sich ein Bild zu machen, wie weitreichend die Prüfungsambitionen des Gerichts sind, lohnt es sich, den Umfang seines Prüfungsvorbehalts durch die „Identitätskontrolle" zu betrachten. Die Bundesverfassungsrichter betonen, dass die „staatliche Souveränität" zum Kerngehalt der zu schützenden Verfassungsidentität gehört,[100] denn das Grundgesetz setze diese nicht nur voraus, sondern garantiere sie auch.[101] Aus diesem Grund könne die deutsche Rechtsordnung nicht grenzenlos geöffnet werden. Käme es daher zu einer Übertragung von Hoheitsrechten, durch welche die Identität des Grundgesetzes angetastet würde, dürften die deutschen Staatsorgane dem nicht zustimmen.[102] Die souveräne Verfassungsstaatlichkeit der Bundesrepublik, garantiert durch die Ewigkeitsklausel des Art. 79 Abs. 3 GG, markiert daher eine klare Grenze der Integration. Falls durch europäische Politik diese staatliche Souveränität „in ihrem Kerngehalt angetastet wird", wollen deshalb die Richter entsprechendes EU-Recht für unanwendbar erklären. Soweit lediglich geprüft wird, ob sich die EU-Organe im Rahmen der ihnen durch die Mitgliedstaaten eingeräumten begrenzten Einzelermächtigung halten oder eben aus ihnen ausbrechen, mag man dies noch für begrüßenswert halten. Bedenken stellen sich indessen bei der „Identitätskontrolle" ein: Da die Richter die Unabänderlichkeitsgarantie des Grundgesetzes nicht nur abstrakt als Garantie staatlicher Souveränität interpretieren, sondern ganz konkret als Bollwerk gegen die europäische Integration in Stellung bringen, kann man nie sicher sein, zu welchen Ergebnissen eine solche Identitätskontrolle führt. Dies schon deshalb nicht, weil das Gericht zur Bestimmung jener zu schützenden „staatlichen Souveränität" eine anachronistisch anmutende Staatszwecklehre bemühen muss. Hier sieht das Gericht den vor der Integration zu schützenden Kern des demokratischen Verfassungsstaats in seiner etwas willkürlich erscheinenden Aufzählung etwa im Strafrecht, in der Verfügung über das Gewaltmonopol nach innen und nach außen, in fiskalischen Grundentscheidungen über Einnahmen und Ausgaben der öffentlichen Hand, in der sozialstaatlichen Gestaltung von Lebensverhältnissen, im Familienrecht, im Bereich von Schule und Bildung und schließlich bei den Regelungen zu religiösen Gemeinschaften.

---

100 BVerfGE 123, 267 (343, 370).
101 BVerfGE 123, 267 (370).
102 So schon im Maastricht-Urteil: BVerfGE 89, 155 (184).

In allen genannten Politikfeldern lassen sich bereits gegenwärtig vielfältige Interdependenzen und Verflechtungstatbestände zwischen der europäischen und nationalen Ebene beobachten. Durch die Staatsschuldenkrise unterliegt inzwischen sogar das nationale Haushaltsrecht, das von Verfassungswegen nur in sehr begrenztem Maße „supranationalisiert" werden darf,[103] einem starken Europäisierungssog. Staatliche Souveränität wird also heute schon durch die europäische Integration deutlich relativiert. Die Einschätzung bzw. Entscheidung, ob und wann das in einer die Identität des deutschen Staates zu stark „antastenden" Weise passiert, soll indessen allein den Verfassungsrichtern vorbehalten bleiben. Aufgrund des Fehlens objektiver Maßstäbe lässt es sich überhaupt nicht prognostizieren, wann und unter welchen Umständen dies dann der Fall sein wird. Auch mag man sich fragen, ob nicht schon durch die gemeinsame Währung (-spolitik) ein traditionell gewichtiger Bestandteil staatlicher Souveränität längst weggebrochen ist. Die für die Souveränitätsproblematik immer besonders sensibilisierte ehemalige Premierministerin Großbritanniens, Margaret Thatcher, bezeichnete die Währung nicht ohne Grund als „the core of the core of national sovereignty".[104] Die Währungssouveränität ist Deutschland jedenfalls schon seit Einführung des Euro abhandengekommen – obwohl die Währung (und die Währungspolitik) historisch und im Ländervergleich betrachtet seit jeher mindestens eine den Staat und seine Identität ebenso prägende Rolle gespielt hat wie etwa die „sozialstaatliche Gewährung von Lebensverhältnissen". Diese ist eher jüngeren Datums und ist nicht in allen Verfassungsstaaten gleichermaßen stark ausgeprägt. Im Grunde können die Richter die durch die staatliche Souveränität der Integration gesetzten Grenzen selbst nicht genau benennen, was sie auch zugeben, denn: „Eine von vornherein bestimmbare Summe oder bestimmte Arten von Hoheitsrechten",[105] die Deutschland aus Souveränitätsgründen erhalten bleiben müssten, ließen sich aus dem Demokratieprinzip nicht entnehmen. Salopp formuliert: Zwar weiß man in Karlsruhe auch nichts Genaueres, gleichwohl will man im Zweifel genau darüber entscheiden. Das verschafft den Richtern einen schier unermesslichen Entscheidungsspielraum – und schränkt zugleich den Spiel-

---

103 BVerfGE 123, 267 (361).
104 Zitat entnommen bei Murkens (2009: 522).
105 BVerfGE 123, 267 (357).

raum parlamentarisch verantworteter Integrationsentscheidungen zumindest potenziell spürbar ein. Auf der Grundlage der „*Lissabon*"-Entscheidung könnte etwa ein Transfer von steuerpolitischen Kompetenzen auf die EU-Ebene kaum beschlossen werden. Dabei ist die nationale Steuerpolitik bereits hochgradig europäisiert. Natürlich ist die EU kein „Steuerstaat", sie ist aber allemal ein „Steuerregulierungsstaat" (Genschel 2009). Das bedeutet, die EU belässt den Mitgliedstaaten das Privileg der Steuergewalt, sie definiert aber immer stärker die Bedingungen ihrer Wahrnehmung. Insbesondere die europäische Binnenmarktpolitik und die entsprechende Rechtsprechung können weit mehr als nur Nadelstiche in den Panzer nationalstaatlicher Souveränität setzen – und das betrifft eben auch die Steuerpolitik als vorgeblichen Kernbereich staatlicher Souveränität. Es gibt weitere Beispiele: So stünde etwa die Einführung einer EU-Sozialunion, die die neoliberale Schlagseite des Binnenmarktprogramms ausbalancieren könnte, unter Karlsruher Richtervorbehalt. Dies vor allem dann, wenn mit ihr, z. B. durch die Festlegung europaweiter sozialer Mindeststandards, die staatlichen Haushalte bindende fiskalische Entscheidungen auf EU-Ebene getroffen würden. Es sind also keineswegs nur die immer wieder betonten hohen Konsenserfordernisse im Rat, die die positive Integration verhindern, sondern auch das Grundgesetz steht einer solchen Entwicklung in der Auslegung des BVerfG im Wege. Gleiches gilt für die Weiterentwicklung europäischer Straftatbestände und Rechtsfolgenharmonisierungen sowie für grenzüberschreitende Strafverfolgungsmaßnahmen im Rahmen der polizeilichen und justiziellen Zusammenarbeit. In der ebenfalls der Identität des souveränen Staates zugeschriebenen Schul-, Bildungs- und Familienpolitik ist womöglich schon lange das Ende der europäischen Fahnenstange erreicht.

Vor diesem Hintergrund ist zu befürchten, dass das BVerfG als Wächter über die deutsche Europapolitik und Garant der staatlichen Souveränität möglicherweise zukünftig auch EU-Recht für unanwendbar erklären kann, das im Rahmen der begrenzten Einzelermächtigung verbleibt und keineswegs als „ausbrechend" (*ultra vires*) zu klassifizieren ist. Ob die Verfassungsrichter jemals damit ernst machen, weiß man nicht, doch die ernsthafte Drohung steht im Raum. Es geht dem BVerfG somit nicht nur darum, der „Verstaatlichung" der EU einen „Riegel" vorzuschieben, sondern mindestens ebenso sehr, der „Europäisierung" Deutschlands engere Grenzen zu ziehen. Hier erhält man einen wichtigen Hinweis auf das am Prinzip der Verfassungssouveränität (Abromeit 1995) entlehnte Demokratieverständnis des Gerichts: Da mag der durch das *Lissabon*-Urteil vermeintlich gestärkte Bundestag bei Integrationsentscheidungen noch so stark beteiligt werden — es spielt alles keine Rolle mehr, wenn die mit einer entsprechenden Klage konfrontierten Richter zur Auffassung kommen sollten, dass eine bestimmte Maßnahme der EU die „Identität" staatlicher Souveränität verletzt. Zwar darf man durchaus annehmen, dass die Identitätskontrolle auch nach dem *Lissabon*-Urteil auf Extremfälle beschränkt bleibt und die europäische Integration nicht „unter Karlsruher Totalaufsicht" (Callies 2009: 8) gerät. Gleichwohl steht die Integration — vom Ausnahmezustand her gedacht — insoweit durchaus unter Souveränitäts- und damit Verfassungsrichtervorbehalt, denn frei nach Carl Schmitt (1922: 11) ausgedrückt, ist derjenige souverän, der über die Verfassungsidentität entscheidet.

Das BVerfG könnte für seine Europarechtsprechung von Carl Schmitts Verfassungslehre auch Sinnvolleres übernehmen. In seiner *Lehre vom Bund* (Schmitt 1928: 363 ff.) betont der umstrittene Staatsrechtler die Interessen und Bedürfnisse von Staaten, die sich zu einem größeren Ganzen zusammenschließen. Damit nehmen diese Staaten zwar den Status von Gliedstaaten an, wollen sich jedoch nicht einfach unter dieses Ganze subsumieren lassen. Schmitt thematisiert an dieser Stelle folgerichtig die Souveränitätsproblematik, kommt aber zu dem überraschenden Schluss, dass die Souveränitätsfrage „offen bleibt" bzw. sich in einer „Schwebelage" (Wahl 2009: 604) befindet und diese Frage deshalb besser auch nicht entschieden werden sollte, um den Bestand des Bundes nicht zu gefährden. Dass im *Lissabon*-Urteil permanent auf „staatlicher Souveränität" als Bollwerk gegen die europäische Integration insistiert wird (obwohl der Begriff der Souveränität nicht einmal im Grundgesetz auftaucht), fällt hinter diese Erkenntnis zurück (Mann 2012).

5.2 Partner oder Rivalen? Das BVerfG und der EuGH

Der EuGH als Verfassungsgericht Europas

Im Zuge der europäischen Integration, aber auch der Internationalisierung des Rechts mussten die Richterinnen und Richter in Karlsruhe nicht nur erfahren, dass sich ein klassisches Verständnis von undurchdringbarer staatlicher Souveränität kaum mehr durchhalten lässt. Sie erkannten auch, dass sie nicht mehr die einzige Gerichtsbarkeit verkörperten, die deutsches Recht an höheren Rechtsmaßstäben prüfen und gegebenenfalls verwerfen konnten. Vor allem der EuGH machte ihnen dieses Monopol inzwischen streitig.

Das Gericht in Luxemburg entwickelte sich wie das deutsche BVerfG zu einem machtvollen europäischen Verfassungsgericht, dessen Urteile durch die Politik kaum revidiert werden können (Höreth 2013). Die funktionalen Anforderungen an alle Höchst- und Verfassungsgerichte können zu einem gewissen Grad erklären, warum auch der EuGH als „Integrationsmotor" zu einer der einflussreichsten politischen Institutionen in Europa wurde. Mehr noch als in allen bekannten föderalen Verfassungsstaaten verlangt die spezielle Primärrechtsordnung der EU den Richterinnen und Richtern des EuGH das Schließen von Rechtslücken ab. Dies betraf vor allem beim EU-Vertrag, der ursprünglich, d. h. gemessen an den Intentionen der damaligen Unterzeichnerstaaten, alles andere als konstitutionellen Charakter hatte und auch nicht haben sollte. Durch die richterrechtliche „Konstitutionalisierung" dieser Verträge hat sich der EuGH jedoch zu einem echten Verfassungsgericht aufgeschwungen. Tatsächlich gibt es keine Rechtsordnung auf der Welt, die in so hohem Maße buchstäblich „errichtet" wurde wie jene der EU. Einige wenige „konstitutionelle" Entscheidungen seien zur Illustration der Macht des EuGH kurz vorgestellt:

Van Gend & Loos (1963)

In diesem Fall[106] musste das Gericht entscheiden, ob sich eine Privatperson vor einem nationalen Gericht auf Rechte berufen kann, die sie einer primärrechtlichen Norm in den Römischen Verträgen entnimmt, obwohl diese Norm nicht dem geltendem nationalen Recht entspricht. Das ist eine Frage von verfassungsrechtlicher Bedeutung: Verleiht der Vertrag den Individuen direkt und unmittelbar Rechte, die nationale Gerichte auch gegen „ihre" nationalen staatlichen Autoritäten verteidigen müssen? Belgien, Deutschland und die Niederlande, also die Hälfte der Mitgliedstaaten in der damaligen „Gemeinschaft der Sechs", opponierten vehement gegen diese Rechtsauffassung. Sie argumentierten, dass die in den Verträgen formulierten Rechte und Pflichten sich ausschließlich an die Mitgliedstaaten richteten und keineswegs unmittelbar an die Bürgerinnen und Bürger. Die Mitgliedstaaten haben damit sehr deutlich ihre Ablehnung gegen das Konzept einer unmittelbaren Wirkung europäischen Rechts bekundet, doch der EuGH entschied anders. Er scheute sich nicht, die in Frage stehende Regelung als unmittelbar und direkt anwendbar zu betrachten und entwickelte hieraus die allgemeine Doktrin der „Direktwirkung" (unmittelbare

---

106 EuGH-Urteil C 26/62 – Van Gend & Loos (1963).

Anwendbarkeit) europäischen Rechts. Offensichtlich betrachtete sich das Gericht damals kaum als politisch eingeschränkt. Weder die Gefahr einer nachträglichen Urteilsrevision noch die eines Urteilsboykotts erschienen dem EuGH glaubwürdig genug, um ihn davon abhalten, eine solche „konstitutionelle" Entscheidung zu treffen (Höreth 2008a: 53 ff.).

Costa/ENEL (1964)

Nachdem die Frage der Direktwirkung europäischen Rechts geklärt war, musste nur noch geregelt werden, wie mit einer europäischen Rechtsnorm zu verfahren ist, wenn ihr eine nationale Norm entgegensteht.[107] Was im Fall solcher Normenkollisionen passieren soll, ist eine Schlüsselfrage bundesstaatlicher Organisation, die in der Bundesrepublik in Art. 31 GG klar geregelt ist: „Bundesrecht bricht Landesrecht". Es erscheint in einem Bundesstaat unmittelbar einleuchtend, dass das höherrangige Bundesrecht das niederrangige Landesrecht verdrängt. Doch kann dieser Grundsatz auch in einem Staatenbund souveräner Mitgliedstaaten gelten, denn mehr war die Staatengemeinschaft Mitte der 1960er Jahre gewiss noch nicht? Gelegenheit zur Klärung dieses Problem bekam der EuGH ein Jahr nach *Van Gend & Loos*. Auf diesem vorangegangenen Urteil konnte man aufbauen und eine rechtslogische Brücke zum Prinzip des Vorrangs errichten. Tatsächlich ergibt es wenig Sinn, dem europäischen Recht die Qualität der Direktwirkung einzuräumen, wenn es nicht zugleich Vorrang gegenüber entgegenstehendem nationalem Recht genießen würde. Rechte, die durch Gemeinschaftsrecht Individuen verliehen werden, müssen von den staatlichen Autoritäten und Gerichten auch dann geschützt werden, wenn diesen Rechten europäischen Ursprungs nationales Recht entgegensteht. Die Tatsache, dass nirgendwo in den Verträgen eine Vorrangklausel enthalten ist, spielte für den EuGH keine Rolle, denn „durch die Gründung einer Gemeinschaft", die „mit eigenen Organen" und „Hoheitsrechten" ausgestattet ist, hätten die Mitgliedstaaten ihre Souveränitätsrechte beschränkt und „so einen Rechtskörper geschaffen, der für ihre Angehörigen und sie selbst verbindlich ist". Dies habe zur Folge, „dass dem vom Vertrag geschaffenen, somit aus einer autonomen Rechtsquelle fließenden Recht wegen dieser seiner Eigenständigkeit keine wie immer gearteten Rechtsvorschriften vorgehen können".[108] Das aber bedeutet unmissverständlich:

---

107 EuGH-Urteil C 6/64 – Costa/ENEL (1964).
108 EuGH-Urteil C 6/64 (S. 1269).

So wie im Föderalstaat Bundesrecht Landesrecht bricht, muss auch das nationale Recht (auch Vorschriften der Verfassung) das Feld räumen, wenn ihm anderslautendes europäisches Recht entgegen steht.

Francovich (1991)

Mit den Prinzipen der Direktwirkung und des Vorrangs stand bereits das Grundgerüst der „Konstitutionalisierung" des europäischen Rechts. Es fehlte lediglich noch eine Entscheidung, die die Verbindlichkeit europäischen Rechts in den nationalen Rechtsordnungen endlich effektiv durchsetzen sollte. Im Fall *Francovich*[109] ergab sich eine günstige Gelegenheit für den EuGH, um den Grundsatz der gemeinschaftsrechtlich vorgegebenen Staatshaftung zu entwickeln. Dieser Grundsatz verpflichtet die Mitgliedstaaten, für Schäden einzustehen, die ihren Bürgern widerfahren, wenn Richtlinien nicht fristgerecht oder fehlerhaft umgesetzt werden. Vor Gericht, damals unterstützt durch mündliche Stellungnahmen Deutschlands, haben die Niederlande, Italien und Großbritannien in schriftlichen Eingaben vehement gegen diese Rechtsauffassung protestiert, zumal in den Verträgen ein solches Institut nicht zu finden ist. Ihr stärkstes Argument war, dass nur der europäische Gesetzgeber eine europäische Staatshaftung etablieren könne, nicht aber der EuGH per juridischem Dekret. Diesen Widerstand souverän ignorierend stellte das Gericht jedoch in seinem 3. Leitsatz klar:

> *Die volle Wirksamkeit der gemeinschaftsrechtlichen Bestimmungen wäre beeinträchtigt und der Schutz der durch sie begründeten Rechte gemindert, wenn der einzelne nicht die Möglichkeit hätte, für den Fall eine Entschädigung zu erlangen, dass seine Rechte durch einen Verstoß gegen das Gemeinschaftsrecht verletzt werden, der einem Mitgliedstaat zuzurechnen ist. [. . .] Der Grundsatz einer Haftung des Staates für Schäden, die dem einzelnen durch dem Staat zurechenbare Verstöße gegen das Gemeinschaftsrecht entstehen, folgt somit aus dem Wesen der mit dem EWG-Vertrag geschaffenen Rechtsordnung.*[110]

Mit diesem Urteil hat der EuGH begonnen, ein europäisches Verwaltungsrecht zu entwickeln, das den nationalen Rechtsordnungen mit ihren unterschiedlichen Verwaltungskulturen übergestülpt werden sollte.

---

109 EuGH-Urteil C-6 & 9/90 (1991).
110 EuGH-Urteil C-6 & 9/90 (1991), S. I–5357.

Brasserie du Pecheur (1996)

Die vorab geschilderten Fälle und ihre massiven Auswirkungen auf die Gesamtarchitektur der Gemeinschaft ließen mit der Zeit bei den Mitgliedstaaten das Bewusstsein wachsen, nicht mehr die eigentlichen „Herren der Verträge" zu sein. Zumindest wollten sie daher erreichen, bei der Interpretation „ihres" Vertrages wieder ein gewichtiges Wörtchen mitzureden. Doch auch dagegen sperrte sich der EuGH erfolgreich. Im Europarecht ließ sich die Entwicklung nicht mehr zurückdrehen. Im Fall *Brasserie du Pecheur*[111] setzte sich der EuGH über einen deutschen Widerspruch hinweg, der von acht weiteren Mitgliedstaaten in schriftlichen Eingaben unterstützt wurde. Er beharrte unmissverständlich darauf, dass er alleine für die autoritative Interpretation des Vertrages zuständig ist und nicht die Mitgliedstaaten:

> *Soweit der Vertrag keine Vorschriften enthält, die die Folgen von Verstößen der Mitgliedstaaten gegen das Gemeinschaftsrecht ausdrücklich und genau regeln, hat der Gerichtshof [...] die Aufgabe [...] über eine solche Frage nach den allgemein anerkannten Auslegungsmethoden zu entscheiden (...).*[112]

Auch in diesem Fall hat sich das Gericht offensichtlich nicht politisch eingeschränkt gefühlt. Vielmehr hat es seine auf dem Prinzip des *effet utille* (größtmögliche Wirksamkeit des Europarechts) gestützte gemeinschaftsrechtsfreundliche Rechtsauffassung weiterhin konsequent vertreten und gegen Widerstreben seitens der Mitgliedstaaten durchgesetzt.

Barber (1990)

Eine bemerkenswerte Ausnahme von der Regel, dass die Mitgliedstaaten davor zurückschrecken, unerwünschte Gerichtsentscheidungen zu revidieren, wird häufig im bekannten Fall *Barber* gesehen.[113] Hier widersprach das Gericht der britischen Auffassung, dass Art. 157 AEUV (ex-Art. 141 EGV), der einen auf Entgelt bezogenen Gleichbehandlungsgrundsatz von Männern und Frauen aufstellt, bei betrieblichen Renten keine Anwendung finde. Daraufhin befürchteten die Mitgliedstaaten, allen voran Großbritannien, eine kostenintensive Prozesslawine, weil viele ihrer Privatunternehmen in der Vergangenheit gegen eine spezielle, vom Gericht dem Gleichbehand-

---

111 EuGH-Urteil C-46/93 und C-48/93 (1996).
112 EuGH-Urteil C-46/93 und C-48/93 (1996), S. I–1029, Rn. 27.
113 EuGH-Urteil C-262/88 (1990).

lungsgrundsatz entnommene Bestimmung verstoßen hatten. Diesen Bedenken trug der EuGH Rechnung, indem er in Leitsatz 6 ausführte:

> Da sich die Mitgliedstaaten [...] über den genauen Umfang ihrer Verpflichtungen im Bereich der Verwirklichung des Grundsatzes des gleichen Entgelts für Männer und Frauen hinsichtlich bestimmter Altersrentenleistungen irren konnten, schließen es zwingende Gründe der Rechtssicherheit aus, dass sich ein Betroffener auf die unmittelbare Wirkung von Artikel 119 EWG-Vertrag beruft, um [...] mit Wirkung von einem Zeitpunkt einen Rentenanspruch geltend zu machen, der vor dem Erlass des Urteils liegt, mit dem im Wege der Vorabentscheidung die Anwendbarkeit dieses Artikels auf diese Art von Renten festgestellt wird; dies gilt nicht für Arbeitnehmer oder deren anspruchsberechtigte Angehörige, die vor diesem Zeitpunkt nach dem anwendbaren innerstaatlichen Recht Klage erhoben oder einen entsprechenden Rechtsbehelf eingelegt haben.

Auf diese Weise wollte das Gericht selbst verhindern, dass eine Prozesslawine entsteht, in der sich neue Kläger auf das *Barber*-Urteil berufen, um alte, lange vor dem Fall liegende und damals nicht gewährte Rentenansprüche im Nachhinein durchzusetzen. Die Mitgliedstaaten verabschiedeten ihrerseits ein Protokoll, das dem Maastrichter Vertrag von 1992 angehängt wurde, in dem fast wortgleich dieser sechste Leitsatz festgehalten wird. Oft wird hier übersehen, dass das *Barber*-Protokoll die Kernaussagen des Urteils keineswegs revidiert oder auch nur relativiert, denn die Direktwirkung des Art. 157 AEUV und seine Reichweite bleiben unangetastet. Im Protokoll wird lediglich jenen Bedenken zum zukünftigen Umgang mit der neuen Rechtsauffassung Rechnung getragen, die das Gericht selbst vorgetragen hat. In den folgenden Entscheidungen[114] hat das Gericht seinerseits sogar die Reichweite des Protokolls wieder deutlich eingeschränkt und damit erneut eindrucksvoll seine Unabhängigkeit gegenüber den Mitgliedstaaten demonstriert.

Diese wenigen Beispiele der EuGH-Rechtsprechung widerlegen die naive Auffassung, man könne den EuGH — wenn man nur wolle — politisch auf einen den Mitgliedstaaten genehmeren Kurs zwingen (Herzog 2008). Von Anfang an verhielt sich der EuGH eher wie ein machtvolles Verfassungsgericht. Basierend auf dem Prinzip der größtmöglichen Wirksamkeit des Europarechts, der Direktwirkung, des Vorrangs, der Staatshaftung und anderer Grundsätze, schuf das Gericht mit Hilfe kooperationswilliger nationaler Gerichte und klagewilliger privater Akteure ein dezentralisier-

---

114 EuGH-Urteil C-57/93 – Vroege (1994).

tes System, das die Befolgung europäischer Rechtsvorgaben durch die Mitgliedstaaten sicherstellte (Stone Sweet 2004: 64 ff). Die Konsequenz dieses „Patronage-Netzwerks" (Mattli/Stone Sweet 2012: 11) ist, dass sich der EuGH in einer vergleichsweise komfortablen Position befindet. Womöglich ist er sogar unabhängiger und mächtiger als viele Verfassungsgerichte in westlichen Demokratien.

Das BVerfG im europäischen Verfassungsverbund

Insbesondere die Europäisierung des nationalen Rechts, die ohne die konstitutionellen Entscheidungen des EuGH nicht hätte stattfinden können, bringt das BVerfG in diverse Schwierigkeiten. Die erste dieser Schwierigkeiten resultiert aus dem methodologischen Nationalismus des BVerfG. So innovativ etwa die Rechtsprechung des BVerfG zu den Verfassungsprinzipien und Grundrechten in der Anfangszeit der Bundesrepublik auch war, so sehr ergingen sie doch auf Basis nationalstaatlicher Prämissen. Darüber konnte auch die sonst so häufig von den Richtern bemühte Metapher von der „offenen Staatlichkeit" des Grundgesetzes nicht hinwegtäuschen. Wenn aber einerseits die gesamte Rechtsordnung der Bundesrepublik auf dem Fundament des Grundgesetzes basieren sollte und auch aus dem von diesem gesetzten Rahmen nicht ausbrechen durfte, andererseits aber die Quellen des in Deutschland geltenden Rechts mehr und mehr völker- und vor allem europarechtlichen Ursprungs sind, dann resultiert daraus ein kaum auflösbarer Widerspruch.

Schwieriger noch ist der daraus resultierende Umstand, dass das BVerfG Konkurrenz bekommen hat (Kranenpohl 2013). Die maßgeblichen Interpreten dieses nicht auf rein deutschen Quellen beruhenden Rechts sind der Europäische Gerichtshof in Luxemburg und der Europäische Gerichtshof für Menschenrechte in Straßburg. Während die Reichweite der Judikatur des Straßburger Gerichts durch das BVerfG dadurch eingeschränkt wurde, dass seiner Rechtsprechung lediglich der Rang einfachen nationalen Rechts eingeräumt wird, verhält es sich mit den Judikaten aus Luxemburg anders. Die Rechtsprechung des EuGH erhebt den Anspruch, dass europäisches Recht (und damit auch seine Urteile) gegenüber nationalem Recht — auch gegenüber dem Verfassungsrecht — Vorrang genießt. Dass Frauen in Deutschland in der Bundeswehr inzwischen mit den Männern völlig gleichgestellt sind, ist z. B. auf ein EuGH-Urteil zurückzuführen, das in dem damaligen gegen die Frauen gerichteten grundgesetzlichen Verbot für den „Dienst mit der Waffe" (Ex-Art. 12a GG) einen Verstoß gegen das europarechtliche Verbot der Diskriminierung aufgrund des Geschlechts erblickte.[115] Deutschland musste damals das Urteil respektieren, seine Verfassung ändern und schließlich die Kasernentore für Frauen komplett öffnen.

Dieses Beispiel illustriert das Problem für das BVerfG, dass es sein bis dahin bestehendes Monopol auf die letztverbindliche Überprüfung nationaler Gesetze mit höherrangigem Recht verloren hat und sich diese Aufgabe gewissermaßen mit dem EuGH teilen muss (Höreth 2008a: 24 ff.). Von der immer wieder beschworenen Kooperation mit dem EuGH profitiert das BVerfG nicht unbedingt, denn es verliert ja, vordergründig betrachtet, gerade in dem Maße an Prestige, in dem es sein Prüfungsmonopol durch weitreichende Zusammenarbeit bzw. Arbeitsteilung mit dem EuGH aufgibt. Unter einer rein verfassungsrechtlichen Perspektive, wie sie das BVerfG traditionell immer eingenommen hat, musste es als problematisch empfunden werden, dass nunmehr nicht mehr alle bedeutenden rechtlichen Fragen als reine Verfassungsfragen reformuliert werden konnten, die ausschließlich das BVerfG verbindlich beantworten kann. Somit kann auch das nationale Verfassungsrecht nicht mehr jene einheitsbildende Funktion aufweisen, die es in der Ausdeutung des BVerfG sonst immer hatte.

Dieses Problem lässt sich gut belegen, wenn man das Volkszählungsurteil von 1983[116] mit dem Urteil zur Vorratsdatenspeicherung[117] 27 Jahre später vergleicht. Das Volkszählungsgesetz konnte noch als verfassungswidrig deklariert werden, nachdem das Gericht aus dem Grundgesetz ein neuartiges Grundrecht auf informationelle Selbstbestimmung entwickelte. Diesen Spielraum konnte sich das Gericht nicht mehr herausnehmen, als es über die Verfassungsmäßigkeit der Vorratsdatenspeicherung zu urteilen hatte, denn diese basierte auf einer EG-Richtlinie. Deshalb konnte das Gericht hier lediglich überprüfen, ob sich der deutsche Gesetzgeber innerhalb des Umsetzungsspielraums, den das Gemeinschaftsrecht dem deutschen Gesetzgeber noch überlassen hat, verfassungskonform verhalten hat. Das eigentliche Problem in der Sache aber, nämlich die Verfassungsmäßigkeit einer Vorratsspeicherung, blieb dem kritischen Zugriff des BVerfG entzogen, weil es auf „fremden" Rechtsgrundlagen basierte, also auf Grundlagen, die sich schwerlich alleine vom Grundgesetz her rationalisieren und überprüfen lassen. Wenn, dann kann rechtslogisch nur der EuGH diese Frage beantworten, allerdings dann womöglich unter

---

115 EuGH-Urteil C-285/98 – Tanja Kreil (2000).
116 BVerfGE 65, 1 – Volkszählung (1983).
117 BVerfGE 125, 260 – Vorratsdatenspeicherung (2010).

Missachtung gerade jener Grundrechtsstandards, die das BVerfG über die Jahrzehnte mühsam aufgerichtet hat.[118] Wohl auch als Versuch der Machterhaltung lässt sich vor diesem Hintergrund interpretieren, dass sich das BVerfG im Rahmen seiner „Brückentheorie" (Mayer 2011: 284 ff.) eine Hintertür für die Überprüfbarkeit von Rechtsakten der Gemeinschaft (und damit auch der EuGH-Urteile) am Maßstab der nationalen Verfassung offenhält. Schon lange stört das BVerfG, dass die mit ihm konkurrierenden Gerichtsbarkeiten in der Regel nicht den argumentativen Standards entsprechen, die es für seine eigene Rechtsprechung anlegt. Vor allem aus diesem Grund hat das BVerfG den EuGH dazu aufgefordert, seine Grundrechtsjudikatur weiterzuentwickeln.[119] Bei kritischer Lektüre von Verfassungsgerichtsurteilen des BVerfG zu europäischen Themen gewinnt man jedoch den Eindruck, als befinde sich das Gericht in Rückzugsgefechten eines in nationalstaatlichem Denken gefangenen Akteurs. Ganz deutlich wird dies beim *Lissabon*-Urteil aus dem Jahre 2009.[120] Als gelte es zu retten, was zu retten ist, betont das Gericht hier, es gebe eine in das Grundgesetz eingeschriebene Identität, die in ihrem Kernbestand nicht angetastet werden darf:

> *Eroberte das Gericht in seinen heroischen Jahrzehnten die ganze Welt des Rechts für das junge Grundgesetz, so verteidigt es heute oft nur noch halbherzig den alternden acquis constitutionnel (Schönberger 2011: 63).*

Das BVerfG befindet sich noch auf der Suche nach seiner richtigen Rolle im europäischen Verfassungsverbund. Gewiss scheint nur zu sein, dass es nicht gewillt ist, sich den Jurisdiktionsansprüchen des EuGH in Gänze zu unterwerfen.

5.3 Zur Legitimität der Verfassungsgerichtsbarkeit

Die jüngsten Entwicklungen, von denen das BVerfG betroffen ist und die es teilweise selbst ausgelöst hat, werfen abschließend die Legitimi-

---

118 Eine Entscheidung in dieser Sache steht noch an: http://www.zeit.de/digital/datenschutz/2013-07/eugh-vorratsdatenspeicherung-grundrechtecharta (Zugriff am 02.10.2013).
119 BVerfGE 37, 271 – Solange 1-Internationale Handelsgesellschaft (1974); BVerfGE 73, 339 – Solange II-Wünsche (1986).
120 BVerfGE 123, 267 – *Lissabon* (2009).

tätsfrage auf, die jedoch sämtliche Höchstgerichte mit Normenverwerfungskompetenz betrifft. Damit sich das richterliche Prüfungsrecht gegen ideengeschichtlich tief sitzende Zweifel durchsetzen konnte, musste seine Rechtfertigung auf eine Grundlage gestellt werden, die auch gegenwärtig noch tragen sollte. Damit aber stellen sich alte Fragen der politischen Theorie, die jene Argumente für die Einrichtung der Institution Verfassungsgerichtsbarkeit geliefert hat, in einem neuen Kontext.

Die weltweite Verbreitung der Verfassungsgerichtsbarkeit lässt darauf schließen, dass diese Institution nach wie vor eine besondere normative Anerkennungswürdigkeit besitzt. Nicht nur in den USA und in Europa ist die Rolle der Verfassungsgerichtsbarkeit als „verfassunggebende Gewalt in Permanenz" (Woodrow Wilson) in weiten Teilen unbestritten. Letzte demokratietheoretische Zweifel sind jedoch nach wie vor nicht beseitigt. Also sei nochmals gefragt: Wie lassen sich Verfassungsgerichte wie das BVerfG aus heutiger Sicht legitimieren? Oder genauer: Wie lassen sich in gegenwärtigen demokratischen Verfassungsstaaten Demokratieprinzip und Verfassungsprinzip, manifestiert durch ein den Vorrang der Verfassung schützendes Verfassungsgericht, miteinander versöhnen?

Zur Rechtfertigung eines Gerichts, das selbst einen wesentlichen Teil der verfassunggebenden Gewalt darstellt, lässt sich im Anschluss an Alexander Hamilton (*Federalist Paper No 78*) zunächst anführen, dass die Verfassungsrichter jenen ursprünglichen Volkswillen, wie er in der Verfassung niedergelegt sei, gegen Repräsentanten des Volkes zu verteidigen haben, wenn diese in Ausübung der ihnen auf Zeit anvertrauten Macht die Verfassung missachten. Die sich in der Verfassung manifestierenden fundamentalen Prinzipien, der Idee nach direkter Ausdruck des Volkswillens, stehen im demokratischen Verfassungsstaat über den Stimmungen des Augenblickes des Volkes, wie sie durch dessen legislativen und exekutiven Vertreter zum Ausdruck gebracht werden. Steht eine oft ebenso kurzfristige wie kurzatmige gesetzgeberische Mehrheit mit dem in der Verfassung zum Ausdruck gebrachten Volkswillen im Konflikt, muss ersteres zurückstehen. Volkssouveränität als wichtigstes Charakteristikum des Demokratieprinzips steht in einem harmonischen Gleichklang mit dem Prinzip der Verfassungsstaatlichkeit, denn es ist das Gericht, das in seiner Rechtsprechung die Souveränität des Volkes durch fortwährende Aktualisierung des Verfassungswillens des Volkes zur Geltung bringt. Dem kann auf Seiten des Gesetzgebers nur ausgewichen werden, wenn er selber jene Mehrheiten bildet, die ihn zum Verfassungsgesetzgeber machen, der mit der Änderung der Verfassung einen neuen, direkt auf den Willen des Volkes zurückzuführenden Verfassungswillen aktualisiert.

Doch überzeugt dieses alte Argument von Hamilton noch in der Gegenwart? Denkt man seine Ausführungen zu Ende, hat die Verfassungsgerichtsbarkeit gegenüber dem demokratisch gewählten Gesetzgeber eine höhere demokratische Dignität („Würde"), auf die sie sich berufen kann. Als Agent des Verfassungswillens des Volkes wird das Verfassungsgericht hier gewissermaßen superdemokratisch gedacht. Dies wäre dann unbedenklich, wenn das Gericht in seiner Rechtsprechung lediglich immer wieder Entscheidungen in Erinnerung ruft, die bereits durch den Verfassungsgeber getroffen wurden. Verfassungsgerichte als bloße Exekutoren des Verfassungswillens des Volkes. Möglicherweise hat Hamilton sich Verfassungsgerichtsbarkeit genauso in dieser Beschränktheit vorgestellt.

Verfassungsauslegung ist jedoch notwendigerweise mit rechtsschöpferischer Normenkonkretisierung durch die Richter verbunden, die dabei oft Entscheidungen treffen (müssen), die der Verfassungsgeber gerade nicht schon selbst getroffen hat. Wenn aber Verfassungsgerichtsbarkeit selbst an die Stelle des Verfassungsgebers rückt, erscheint es durchaus wieder fragwürdig, ihr eine Entscheidungsmacht anzuvertrauen, die nicht an den Volkssouverän rückgekoppelt ist. Dort also, wo das Verfassungsgericht selbst als eine an sich tendenziell undemokratische, weil nur schwach mit dem Volkssouverän rückgebundene Institution (Hall 1983: 295), an Stelle des Verfassungsgebers entscheidet, kann von einem harmonischen Verhältnis zwischen Verfassungsprinzip und Demokratieprinzip nicht mehr die Rede sein.

Stattdessen stehen beide Prinzipien dann in einem Spannungsverhältnis zueinander. Doch jene Spannung macht eine Rechtfertigung der Verfassungsgerichtsbarkeit nicht unmöglich. Was für die Legitimität von Verfassungsgerichtsbarkeit spricht, ist weiterhin zunächst schlicht die Akzeptanz, ihre Anerkennung, die sie in der Öffentlichkeit genießt. Sie genießt diese Anerkennung ganz sicher nicht wegen ihres demokratischen Charakters, sondern wegen anderer, mit dem Demokratieprinzip nicht unmittelbar im Einklang, sondern ihm sogar in gewisser Weise entgegen stehenden Eigenschaften. Für die Legitimität des demokratischen Verfassungsstaats ist jene Spannung zwischen dem Demokratieprinzip und dem Verfassungsprinzip geradezu konstitutiv, weil beide Prinzipien sich zueinander komplementär verhalten.

Um das zu begründen, muss ganz grundsätzlich angesetzt werden. Das Verfassungsprinzip steckt jene Räume ab, die politisch streitfrei bleiben, um die Demokratie zu entlasten und zu stabilisieren (Grimm 1991). Hierfür bedarf es der autoritativen Verfassungsinterpretation, die von einer dem politischen Prozess enthobenen Instanz von Fall zu Fall geleistet wird. Von normativem Mehrwert scheint ein solches institutionelles Arrangement aber vor allem dann zu sein, wenn es die Schwächen einer sich primär an Mehrheiten orientierenden Demokratie auszugleichen vermag. Das ist schon deshalb „anerkennungswürdig", weil sich Mehrheiten in der Demokratie mit Hilfe der sich in ihrer Hand befindlichen Machtinstrumente prinzipiell an eigenen Interessen und der sie stützenden Konstituenten orientieren, ihre Machtstellung weiter ausbauen wollen, dabei Minderheiten vernachlässigen oder gar unterdrücken könnten, was eine ausgleichende Gegenmacht in Form der Verfassungsgerichtsbarkeit geradezu unverzichtbar erscheinen lässt (von Brünneck (1992; Ely 1992).

Erkennt man dies an, rückt Verfassungsgerichtsbarkeit aber fast zwangsläufig in eine Position, in der das Verhältnis von Demokratie- und Verfassungsprinzip zum Zerreißen gespannt ist, denn Verfassungsrichter beschränken sich unter dieser Aufgabenstellung nicht mehr lediglich darauf, den Rahmen für die Politik abzustecken, indem sie definieren, was als verfassungswidriges Handeln zu gelten hat, sondern sie schreiben der Politik ausdrücklich auch jenes Handeln vor, das von der Verfassung gewollt ist. Aus Verfassungsinterpreten werden Verfassungsexekutoren. Mehr noch: Durch expansive richterliche Interpretationen kann die Verfassung geändert werden, ohne dass der *Verfassungs*text geändert werden muss. Ein Aufsehen erregendes Beispiel aus der jüngsten Zeit macht dies anschaulich: Die Entscheidung vom 7. Mai 2013 über das „Ehegattensplitting für homosexuelle Paare".[121] Der Frankfurter Allgemeinen Zeitung erschien dieses Urteil als „revolutionärer Akt" (Müller 2013). Sicher lässt sich (politisch) trefflich darüber streiten, ob die Gleichstellung der „Homo-Ehe" mit der (herkömmlichen) Ehe wünschenswert und zweckmäßig ist. Der Wortlaut und auch die Entstehungsgeschichte des Art. 6 Abs. 1 GG lassen verfassungsrechtlich indessen keinen Zweifel darüber aufkommen, dass die Mütter und Väter des GG der herkömmlichen Ehe und Familie einen besonderen Schutz zukommen lassen wollten. Da das BVerfG jedoch die Ungleichbehandlung von Verheirateten und gleichgeschlechtlichen Lebenspartnern mit dem allgemeinen Gleichheitssatz des Art. 3

---

121 BVerfGE vom 7. Mai 2013 – Ehegattensplitting für homosexuelle Paare (Az. 2 BvR 909/06, 2 BvR 288/07, 2 BvR 1981/06).

Abs. 1 GG für unvereinbar hält, hat es zugleich den besonderen Schutz von Ehe und Familie für obsolet erklärt (Rüthers 2013). Einmal mehr hatte das BVerfG hier seine Interpretationsmacht ausgespielt, um das GG nicht nur „auszulegen", sondern faktisch zu ändern. Man kann dem Karlsruher Gericht jedoch zu Gute halten, seine Entscheidung zugunsten der Minderheit homosexueller Lebenspartnerschaften getroffen zu haben, weil der (verfassungsändernde) Gesetzgeber über Jahrzehnte untätig blieb. Durch sein Richterrecht kompensierte es gewissermaßen die Tatenlosigkeit der Politik.

Das entspricht der Logik eines zentralen, den richterlichen Aktivismus rechtfertigenden Arguments: Die von den Verfassungsgerichten übernommene „kompensatorische Gemeinwohlverantwortung" (Kielmansegg 2005: 39) setzt sich zum Ziel, die der Demokratie innwohnenden Mängel zu beseitigen (Shapiro 1995: 60). Das hat weitreichende Folgen für den politischen Prozess in der Demokratie sowie für die eigentlich von der Verfassung vorgesehenen und von den Richtern zu schützenden Spielregeln der Gewaltenteilung und -hemmung: Verfassungsgerichte werden bei Erfüllung ihres Auftrages zur kompensatorischen Gemeinwohlverantwortung nicht nur oft zu „Ersatzgesetzgebern" (Karpen 2002), sondern sie beanspruchen dabei eine Vormacht im politischen Prozess, die ihrerseits von den eigentlichen politischen Gewalten nur unter erschwerten Bedingungen wieder ausgeglichen werden kann. Bei der Identifikation der Schwächen des demokratischen Mehrheitsprinzips und den sich daraus ableitenden Kompensationsentscheidungen, die dem von den Verfassungsrichtern definierten Gemeinwohl dienen sollen, genießt das Gericht große Freiheit und einen breiten Handlungsspielraum, wenn und soweit es seine Entscheidung nur überzeugend begründen kann. Faktisch ist ein Verfassungsgericht in diesen Fällen lediglich durch diesen Zwang der verfassungsrechtlichen Begründung der eigenen Entscheidung eingeschränkt.[122]

Je nachdem, welcher demokratietheoretische Standpunkt vertreten wird, könnte eine solche Funktionszuschreibung der Verfassungsgerichtsbarkeit mehr Legitimationsfragen aufwerfen, als sie überzeugende Antworten anzubieten vermag. Zur Legitimation der Verfassungsgerichtsbar-

---

122 Da verwundert es nicht, dass die Richterinnen und Richter z. B. im oben genannten Urteil über das „Ehegattensplitting für homosexuelle Paare" einen derart hohen Begründungsaufwand betrieben, dass die Entscheidung knapp 50 Textseiten umfasst.

keit kann aus Sicht der Kritiker jedes richterlichen Aktivismus' letztlich nur auf jene abstrakte klassische Theorie zurückgegriffen werden, die postuliert, dass die Grenzen des Handlungsspielraums der Politik nicht im politischen Prozess selbst definiert werden, sondern der Politik als rechtlicher Rahmen vorgegeben sind. Unter Preisgabe des Postulats, wonach die Verfassungsgerichtsbarkeit einen (zusätzlichen) allgemeinen Auftrag zur Mitgestaltung des Gemeinwohls habe, wird ihr ein eher bescheidenes Mandat erteilt. Da sich die Verfassung als jener Rahmen gegenüber den politischen Akteuren in Exekutive und Legislative nicht selbst zur Geltung bringen kann – insofern ist das Verfassungsprinzip gegenüber dem Demokratieprinzip tatsächlich das schwächere –, bedarf es der Verfassungsgerichtsbarkeit, die diese Leistung als „Hüter der Verfassung" erbringt. Peter Graf Kielmansegg hat hierzu einen interessanten Gedanken entwickelt:

> *Das Verfassungsprinzip [. . .] muss erst durch einen Agenten handlungsfähig, reaktionsfähig gemacht werden. Dieser Agent der Verfassung aber, das folgt aus der Logik von Prinzip und Gegenprinzip, darf nicht in den demokratischen Prozess eingebunden werden. Die verfassunggebende Gewalt, darauf läuft es hinaus, wird um der Balance zwischen Demokratieprinzip und Verfassungsprinzip willen aufgeteilt – in eine primäre des Volkes, durch die das Prinzip der normativen Gebundenheit, der normativen Eingrenzung von Politik konstituiert wird, und eine sekundäre, in der dieses Prinzip handlungsfähig gemacht wird (Kielmansegg 2005: 31).*

Die Richtigkeit dieser Theorie steht und fällt mit der Funktionszuweisung an die Verfassungsgerichtsbarkeit als „Agent der Verfassung". Agenten haben ein Mandat, das ihnen von anderer Seite, in diesem Fall vom primären, d. h. historischen Verfassungsgeber, zugewiesen wird. Solange sie sich im Rahmen jenes ursprünglichen Mandats bewegen, sind sie in diesem Sinne „Agenten". Brechen sie aus diesem Mandat aber aus bzw. definieren sie jenes Mandat neu, werden sie in einem Prozess der Verselbstständigung und Selbstermächtigung selber zu Prinzipalen, die faktisch von keiner wirksamen Gegenmacht mehr eingehegt und begrenzt werden können. Vieles spricht dafür, dass das BVerfG wie übrigens auch der Europäische Gerichtshof in Luxemburg (Höreth 2008a) dieses Stadium längst erreicht hat. Jenseits eines revolutionären Umsturzes, an dessen Ende eine neue Verfassung stehen müsste, ist jedenfalls kein politisches Szenario denkbar, nach dem „von außen" die Macht des BVerfG signifikant und wirksam zurückgedrängt werden könnte.

Gleichwohl sollte festgehalten werden, dass es natürliche Grenzen der Macht von Verfassungsgerichten gibt, denen auch das BVerfG unterliegt. Diese ergeben sich aus seiner Stellung als Gericht: Es besitzt kein Initiativrecht, der Zugang zu ihm ist begrenzt. Das Gericht kann den Verfassungsgehorsam mit eigenen Mitteln nicht erzwingen und ist daher faktisch auf die Folgebereitschaft und auf das Vertrauen der Bürger und der Politik angewiesen. Die vielleicht wichtigste Restriktion für den Handlungsspielraum eines Verfassungsgerichts ist daher die Notwendigkeit, jenes Vertrauen, das man ihm entgegenbringt, nicht zu verspielen. Im Wissen darum ist die wichtigste Beschränkung der Verfassungsrichter ihre sich selbst auferlegte Selbstbeschränkung.

6 Zusammenfassung

Unter den fünf Verfassungsorganen ist das BVerfG gemeinsam mit dem Bundespräsidenten bei den deutschen Bürgern das beliebteste. Wahrscheinlicher Grund hierfür ist, dass beide Organe dem parteipolitischen Gezänk enthoben scheinen. Zwar besitzt der Bundespräsident durchaus gewisse Kontrollrechte, die in Ausnahmefällen sogar darin gipfeln können, bei erheblichen verfassungsrechtlichen Zweifeln parlamentarische Gesetze nicht auszufertigen (Höreth 2008b) – doch im Gegensatz zum Staatsoberhaupt nimmt das BVerfG durch seine ständige Rechtsprechung permanent Einfluss auf das Regierungsgeschehen, selbst wenn es nicht zu jeder aktuellen politischen Frage Stellung beziehen kann. In Antizipation möglicher verfassungsrechtlicher Vetos richten die Regierungsmehrheiten ihre politischen Vorhaben in der Regel auch am Willen des Verfassungsgerichts aus. Dessen Einfluss wird deshalb auch und gerade dann deutlich, wenn es nicht angerufen werden muss, weil sich die politischen Akteure von vornherein an den formalen und materiellen Vorgaben aus Karlsruhe orientieren. Zwar steht das BVerfG damit nicht im Zentrum politischer Macht, doch politische Macht besitzt es allemal. Als „Teil der obersten Staatsleitung" tritt es nicht nur fallweise und auf Anrufung als Vetospieler auf, indem es bestimmte gesetzgeberische Optionen verbietet, sondern es gibt auch häufig inhaltlich der Politik die Richtung vor, in der sie sich bewegen muss, um nicht gegen die Verfassung zu verstoßen. Wenn die Richter aus der Verfassung entnehmen, wie hoch die (Höchst-)Steuersätze sein sollen, nach welchen Methoden die Hartz-IV-Sätze berechnet werden müssen und unter welchen Voraussetzungen der Deutsche Bundestag einem europäischen Beschluss, an dem die Bundesregierung mitwirken will, im Rahmen seiner „Integrationsverantwortung" zustimmen darf, dann erscheint die deutsche Politik zuweilen als bloßer Verfassungsvollzug nach Maßgabe der Karlsruher Gerichtsentscheidungen. Das „Regieren mit Richtern" (Schmidt 2011: 224 ff.) ist in Deutschland jedenfalls zu einer Selbstverständlichkeit geworden, die schon deshalb kaum beklagt wird, weil sie die Konsequenz daraus ist, dass in der Bundesrepublik ein demokratischer Verfassungsstaat errichtet werden sollte, in dem das Recht die Oberherrschaft über die (politische) Macht gewinnt. Diese Mission, die als Verfassungsauftrag aufgegeben war, hat die Bundesrepublik erfolgreich erfüllt.

Der Streifzug durch die Geschichte der Verfassungsgerichtsbarkeit hat jedoch gezeigt, dass nicht von Anfang an ausgemacht war, welche Rolle das BVerfG hierbei genau spielen sollte. Das abstrakte Bekenntnis des Parlamentarischen Rates, einen „Hüter der Verfassung" einsetzen zu wollen, bildete ein Label für ganz unterschiedliche Konzepte der Verfassungsgerichtsbarkeit. Erst die Verfassungspraxis sollte zutage fördern, welches dieser Konzepte sich durchsetzt. Bei der Definition seiner Rolle im neu geschaffenen Regierungssystem hat das BVerfG selbstbewusst von Anfang an eine aktive Rolle gespielt. Wenn Macht mit Max Weber definiert wird als Chance, seinen eigenen Willen gegen das Widerstreben anderer durchzusetzen, gleichviel worauf diese Chance beruht, dann hat das BVerfG seine sich ihm bietenden Chancen zum Machterwerb von Anfang an sehr geschickt zu nutzen verstanden. Etwas überspitzt formuliert lässt sich dies an seinem machtpolitischen Dreischritt in den 1950er Jahren nachzeichnen, in dem das Gericht als strategischer Akteur erscheint. Zuerst reklamierte das Gericht erstmals in seinem *Status-Bericht* gegen den Widerstand der damaligen Bundesregierung erfolgreich für sich, ein Verfassungsorgan mit all seinen sich daraus ergebenden Vorrechten zu sein. In einem zweiten Schritt beanspruchte das „verspätete Verfassungsorgan" gegen den Widerstand der höchsten Fachgerichtsbarkeit, im „Gutachterstreit" das Monopol der Verfassungsinterpretation für sich. Doch erst der dritte Schritt, den das BVerfG im „Lüth"-Urteil 1958 gegangen ist, offenbarte die Ambitionen der Richterinnen und Richter in aller Klarheit: Indem die Grundrechte in ihrer Interpretation eine Wertordnung etablierten, die auf die gesamte Rechtsordnung ausstrahlt, konnte umgekehrt jede Rechtsfrage im Prinzip in eine Verfassungsfrage übersetzt werden, zu der das Gericht in Karlsruhe das letzte Wort zu sprechen hat. Vor diesem Hintergrund mutet es paradox – und auch etwas unehrlich – an, wenn das Gericht immer wieder betont, keine „Superrevisionsinstanz" sein zu wollen, denn faktisch beanspruchte es gerade *diese* Funktion seit „Lüth" für sich, um gegenüber der konkurrierenden Fachgerichtsbarkeit die Oberhoheit beanspruchen zu können.

Die Geschichte des BVerfG spiegelt sich so in seiner Organisation und in seinen Funktionen wider. Das BVerfG kann im internationalen Vergleich neben dem österreichischen Verfassungsgerichtshof und dem *US Supreme Court* als dritter Archetyp eines Verfassungsgerichts bezeichnet werden. Es vereint erstens die Funktion der Verfassungsgerichtsbarkeit im engeren Sinne; es stellt zweitens eine konzentrierte und isolierte Verfassungsgerichtsbarkeit dar, und schließlich beansprucht es drittens eine flächendeckende, allen sonstigen Gerichtsbarkeiten übergeordnete Verfassungsgerichtsbarkeit. Daraus resultiert eine Kompetenzfülle, die in Deutschland einhergeht mit einer besonders intensiven Kopplung von Recht und Politik. Tatsächlich ist kaum eine politische Frage denkbar, die „per se verfassungs- und verfassungsgerichtsexemt" (Jestaedt 2011: 103) ist. Zwar kommt es dadurch zu jener befürchteten Politisierung der Justiz (zu der das BVerfG eben auch gehört) einerseits und der Juridifizierung der Politik andererseits. Doch das Gericht verzichtet auf eine schroffe Entgegensetzung beider Momente und setzt stattdessen auf eine differenzierte Zuordnung von Recht und Politik. Damit bewegt sich das Gericht nahe an der Realität der das Recht erzeugenden Politik im demokratischen Verfassungsstaat. Politische Wertungen fließen immer in die Rechtserzeugung ein, genauso wie eine politische Bewertung nicht aufhört, politisch zu sein, nachdem sie positiviert und verrechtlicht worden ist. Erkennt man dies an, wird jedoch die derzeitige Richterbestellung zum BVerfG zu einem demokratietheoretischen Problem. Das derzeitige Verfahren, nach dem die Richter und Richterinnen faktisch unter Ausschluss der Öffentlichkeit und in höchst indirekter Wahl zu ihren hohen Ämtern kommen, wurde zwar vom BVerfG selbst als verfassungsgemäß erachtet, doch urteilte es hier als Richter in eigener Sache und hätte sich eigentlich für befangen erklären müssen. Ideengeschichtlich schließt sich hier ein Kreis: Dass Richter nicht in eigener Sache entscheiden dürfen, ist ein fundamentaler Rechtsgrundsatz, der vor über 400 Jahren im Fall *Dr. Thomas Bonham* entdeckt wurde und der über einige Umwege dem gerichtlichen Normenkontroll- und Verwerfungsrecht erst zur Durchsetzung verholfen hat. Dass ausgerechnet das vielleicht mächtigste Verfassungsgericht der Welt diesen Rechtsgrundsatz, dem es ideengeschichtlich ein Stück weit seine Existenz verdankt, nicht beherzigt hat, entbehrt nicht einer gewissen Ironie.

Die am Ende dieser kleinen Abhandlung geschilderten Probleme der Verfassungsgerichtsbarkeit in Deutschland sollten nicht den Blick dafür verstellen, wie erfolgreich diese Institution ist und wie sehr sie noch immer gebraucht wird. Das Sterbeglöckchen muss und sollte für das BVerfG noch lange nicht geläutet werden. Doch das Gericht wird sich vor allem wegen der mit der europäischen Integration verbundenen Herausforderungen verändern müssen, will es weiter eine wichtige Rolle spielen. Die

Aussicht, „lediglich" ein kooperativ agierendes Gericht im europäischen Verfassungsverbund zu sein, läuft jedoch nicht unbedingt auf eine Schwächung der Karlsruher Institution hinaus. Dahinter verbirgt sich für das Gericht auch die Chance, durch seine Rechtsprechung grenzüberschreitende *Benchmarks* zu setzen, die bei den politischen Akteuren und Institutionen anderer EU-Mitgliedstaaten, insbesondere bei deren Höchst- und Verfassungsgerichten, sowie beim EuGH als wichtige Inspiration und womöglich gar als Leitideen dienen, weil sie argumentativ überzeugen können. Im positiven Sinne machtbewusst, wie das BVerfG zu sein scheint, wird es auch diese Chance für sich nutzen können – Zum Wohle Deutschlands und vielleicht auch zum Wohle Europas.

Literaturhinweise

Abromeit, Heidrun (1995), Volkssouveränität, Parlamentssouveränität, Verfassungssouveränität: Drei Realmodelle der Legitimation staatlichen Handelns, in: Politische Vierteljahresschrift 36, S. 49–66.

Abromeit, Heidrun/Stoiber, Michael (2006), Demokratien im Vergleich. Einführung in die vergleichende Analyse politischer Systeme, Wiesbaden.

Ackerman, Bruce (1991), We the People: Foundations, Cambridge.

Alleweldt, Ralf (1996), Die Idee der gerichtlichen Überprüfung von Gesetzen in den *Federalist Papers*, in: ZaöRV 56, S. 205–239.

Arendt, Hanna (2000), Über die Revolution, München.

Baldus, Manfred (2005), Frühe Machtkämpfe. Ein Versuch über die historischen Gründe der Autorität des Bundesverfassungsgerichts, in: Das Lüth-Urteil in (rechts-)historischer Sicht. Die Konflikte um Veit Harlan und die Grundrechtsjudikatur des Bundesverfassungsgerichts, herausgegeben von Thomas Henne und Arne Riedlinger, Berlin, S. 237–248.

Baring, Arnulf (1969): Im Anfang war Adenauer. Die Entstehung der Kanzlerdemokratie, München.

Beyme, Klaus von (2001), Das Bundesverfassungsgericht aus der Sicht der Politik und Gesellschaftswissenschaften, in: Badura, Peter/Dreier, Horst (Hrsg.), Festschrift 50 Jahre Bundesverfassungsgericht, Band I, Tübingen.

Bickel, Alexander (1962), The Least Dangerous Branch of Government. The *Supreme Court* at the Bar of Politics, Indianapolis.

Billing, Werner (1969), Das Problem der Richterwahl zum Bundesverfassungsgericht. Ein Beitrag zum Thema ‚Politik und Verfassungsgerichtsbarkeit', Berlin.

Böckenförde, Ernst-Wolfgang (1999), Verfassungsgerichtsbarkeit, Strukturfragen, Organisation, Legitimation, in: ders., Staat, Nation, Europa. Studien zur Staatslehre, Verfassungstheorie und Rechtsphilosophie, Frankfurt am Main, S. 157–182.

Böckenförde, Ernst-Wolfgang (1981), Gesetz und gesetzgebende Gewalt. Von den Anfängen der deutschen Staatsrechtslehre bis zur Höhe des staatsrechtlichen Positivismus, Berlin.

Böckenförde, Ernst-Wolfgang (1974), Verfassungsfragen der Richterwahl, Berlin.

Bode, Bernard (2010), Wechsel der roten Roben, in: Das Parlament 10, vom 08.03.2010, S. 1.

Brohm, Winfried (2001), Die Funktion des BVerfG – Oligarchie in der Demokratie?, in: Neue Juristische Wochenschrift, S. 1–10.

Von Brünneck, Alexander (1992), Verfassungsgerichtsbarkeit in den westlichen Demokratien. Ein systematischer Verfassungsvergleich, Baden-Baden.

Buchheim, Hans (1979), Probleme der Juridifizierung der Verfassung, in: Merten, Detlef/Morsey, Rudolf (Hrsg.), 30 Jahre Grundgesetz, Berlin, S. 19–34.

Bundesverfassungsgericht (1957), Denkschrift des Bundesverfassungsgerichts. Die Stellung des Bundesverfassungsgerichts vom 27. Juni 1952, in: Jahrbuch des öffentlichen Rechts der Gegenwart 6, S. 144–148.

Callies, Christian (2009), Unter Karlsruher Totalaufsicht, in: FAZ vom 27. August, S. 8.

Cohn, Ernst J. (1956), Der englische Gerichtstag, Köln.

Coxe, Brinton (1983), An Essay on Judicial Power and Unconstitutional Legislation, Philadelphia: Kay & Brother.

Deutscher Bundestag (2002), Der Parlamentarische Rat 1948/49, Akten und Protokolle, Band 13/II, München.

Ebsen, Ingwer (1985), Das Bundesverfassungsgericht als Element gesellschaftlicher Selbstregulierung, Berlin.

Eisgruber, Christopher L. (1992), Is the *Supreme Court* an Educative Institution?, in: New York University Law Review, S. 961–1032.

Elster, Jon (1995), Limiting Majority Rule. Alternatives to Judicial Review in the Revolutionary Epoch, in: Smith, Eivind (Hrsg.), Constitutional Justice under Old Constitutions, Amsterdam 1995, S. 3–21.

Ely, John Hart (1992), Democracy and Distrust. A Theory of Judicial Review, Cambridge/Mass. – London.

Epstein, Lee/Segal, Jeffrey (2005), Advice and Consent. The Politics of Judicial Appointments, Oxford.

Forsthoff, Ernst (1971), Der Staat der Industriegesellschaft, München.

Fraenkel, Ernst (1927), Zur Soziologie der Klassenjustiz, Berlin.

Friedrich, Carl Joachim (1937), Constitutional Government and Politics, New York.

Geck, Wilhelm Karl (1986), Wahl und Amtsrecht der Verfassungsrichter, Baden-Baden.

Geiger, Willi (1952), Gesetz über das Bundesverfassungsgericht vom 12. März 1951, Berlin und Frankfurt am Main.

Genschel, Philipp (2009), Die Europäisierung der Steuerpolitik, in: Decker, Frank/Höreth, Marcus (Hrsg.), Die Verfassung Europas. Perspektiven des Integrationsprojekts, Wiesbaden, S. 201–218.

Grimm, Dieter (2009), Das Grundgesetz als Riegel vor einer Verstaatlichung der Europäischen Union, in: Der Staat 48, S. 475–495.

Grimm, Dieter (1999), Verfassungspatriotismus nach der Wiedervereinigung, in: Brunkhorst, Hauke/Niesen, Peter (Hrsg.), Das Recht der Republik, Frankfurt am Main, S. 305–316.

Grimm, Dieter (1991), Die Zukunft der Verfassung, Frankfurt am Main.

Großfeld, Bernhard (1995), Götterdämmerung? Zur Stellung des Bundesverfassungsgerichts, in: Neue Juristische Wochenschrift, S. 1719–1723.

Guggenberger, Bernd (1998), Zwischen Konsens und Konflikt: Das Bundesverfassungsgericht und die Zukunftsfähigkeit der Gesellschaft, in: ders./Würtenberger, Thomas (Hrsg.): Hüter der Verfassung oder Lenker der Politik? Das Bundesverfassungsgericht im Widerstreit, Baden-Baden, S. 202–232.

Häberle, Peter (1975), Die offene Gesellschaft der Verfassungsinterpreten, in: Juristenzeitung 30, S. 297–305.

Häberle, Peter (1979), Kommentierte Verfassungsrechtsprechung, Königstein/Ts.

Hall, Kermit L. (1983), Think Things, Not Words: Judicial Review in American Constitutional History, in: University of Florida Law Review 35, S. 281–295.

Haltern, Ulrich R. (1997), Integration als Mythos. Zur Überforderung des Bundesverfassungsgerichts, in: Jahrbuch des öffentlichen Rechts der Gegenwart 45, S. 31–88.

Hartmann, Bernd J. (2007), Das richterliche Prüfungsrecht unter der Weimarer Reichsverfassung, in: Jahrbuch der Juristischen Zeitgeschichte (JJZG) Bd. 8, S. 154–167.

Heller, Hermann (1929/1971), Rechtsstaat oder Diktatur, in: Gesammelte Schriften, Band 2, Leiden, S. 450–462.

Helms, Ludger (2006), Ursprünge und Wandlungen der Verfassungsgerichtsbarkeit in den konsolidierten liberalen Demokratien, in: Zeitschrift für Politik 53, S. 50–73.

Hennecke, Doris (2005), § 30 BVerfGG: Entscheidung, Verkündung, Sondervotum, in: Umbach, Dieter C./Clemens, Thomas/Dollinger, Franz-Wilhelm (Hrsg.), Bundesverfassungsgerichtsgesetz, Heidelberg, S. 484–490.

Hennis, Wilhelm (1992), Der Parteienstaat des Grundgesetzes. Eine gelungene Erfindung, Hamburg.

Herbert, Ulrich (2006): Integration der jungen Republik durch Verfassungsrecht?, in: Stolleis, Michael (Hrsg.): Das Bonner Grundgesetz. Altes Recht und neue Verfassung in den ersten Jahrzehnten der Bundesrepublik Deutschland (1949–1969), Berlin, S. 85–102.

Herzog, Roman (2008), Stoppt den Europäischen Gerichtshof, FAZ vom 9. September, S. 8.

Hesse, Konrad (1999), Grundzüge des Verfassungsrechts der Bundesrepublik Deutschland, Nachdruck der 20. Auflage, Heidelberg.

Höreth, Marcus (2013), Hemmungslos, aber ungefährlich? Der Gerichtshof der Europäischen Union als Verfassungsgericht im System der EU-Gewaltenteilung, in: Zeitschrift für Politik 60, S. 48–71.

Höreth, Marcus (2012), Die Demokratieverflechtungsfalle. Warum die EU nach dem *Lissabon*-Urteil demokratisch defizitär bleiben muss, in: Lhotta, Roland/ Ketelhut, Jörn et al. (Hrsg.), Das *Lissabon*-Urteil: Staat, Demokratie und europäische Integration im „verfassten politischen Primärraum", Wiesbaden, S. 37–66.

Höreth, Marcus (2011), Richter contra Richter. Sondervoten beim EuGH als Alternative zum ‚Court Curbing', in: Der Staat. Zeitschrift für Staatslehre und Verfassungsgeschichte, deutsches und europäisches öffentliches Recht 50, S. 191–226.

Höreth, Marcus (2008a): Die Selbstautorisierung des Agenten. Der Europäische Gerichtshof im Vergleich zum US *Supreme Court*, Baden-Baden.

Höreth, Marcus (2008b), Das Amt des Bundespräsidenten und sein Prüfungsrecht, in: Mayer, Tilman/Kronenberg, Volker (Hrsg.), Streitbar für die Demokratie. „Bonner Perspektiven" der Politischen Wissenschaft und Zeitgeschichte 1959-2009, Bonn, S. 239–250.

Höreth, Marcus (2006), Öffentliche Anhörungen bei Richterernennungen zum *U.S. Supreme Court*: Vorbild für Deutschland?, in: Der Staat. Zeitschrift für Staatslehre und Verfassungsgeschichte, deutsches und europäisches öffentliches Recht 45, S. 269–288.

Hoffmann-Riem, Wolfgang (2003), Das Ringen um die verfassungsgerichtliche Normenkontrolle in den USA und Europa: Zweihundert Jahre Marbury vs. Madison, in: Kremp, Werner (Hrsg.), 24. Februar 1803. Die Erfindung der Verfassungsgerichtsbarkeit und ihre Folgen, Trier 2003, S. 23–35.

Isensee, Josef (1996), Bundesverfassungsgericht – quo vadis?, in: Juristenzeitung 51, 1085–1093.

Isensee, Josef (1986), Die Verfassung als Vaterland: Zur Staatsverdrängung der Deutschen, in: Wirklichkeit als Tabu. Anmerkungen zur Lage, herausgegeben von Armin Mohler, München, S. 11–35.

Jestaedt, Matthias (2011), Phänomen Bundesverfassungsgericht. Was das Gericht zu dem macht, was es ist, in: Das entgrenzte Gericht. Eine kritische Bilanz nach sechzig Jahren Bundesverfassungsgericht, Berlin, S. 77–157.

Karpen, Ulrich (2002), Der Richter als Ersatzgesetzgeber, Baden-Baden.

Kelsen, Hans (1931), Wer soll der Hüter der Verfassung sein?, in: Die Justiz. Monatsschrift für Erneuerung des Deutschen Rechtswesens. Zugleich Organ des Republikanischen Richterbundes 6, S. 576–628.

Kelsen, Hans (1929): Wesen und Entwicklung der Staatsgerichtsbarkeit, in: Veröffentlichungen der Vereinigung der Deutschen Staatsrechtslehrer 5, Berlin und Leipzig, S. 30–88.

Kerschner, Helmut (1998), Selbst die Papstwahl ist demokratischer. Verfassungsrichter werden von einer geheimen Kungelrunde der Parteien ausgesucht, in: Süddeutsche Zeitung vom 7. Dezember 1998, S. 23.

Kielmansegg, Peter Graf (2005), Die Instanz des letzten Wortes. Verfasssungsgerichtsbarkeit und Gewaltenteilung in der Demokratie, Stuttgart.
Kneip, Sascha (2013), Rolle und Einfluss des Bundesverfassungsgerichts in international vergleichender Perspektive, in: Zeitschrift für Politik 60, S. 72–89.
Koch, Sybille (1996), Die Wahl der Richter des BVerfG, in: Zeitschrift für Rechtspolitik 29, S. 41–44.
Kommers, Donald P. (1998), Can German Constitutionalism serve as a World Model for the United States?, in: ZaöRV 58, S. 787–798.
Kommers, Donald P. (1976), Judicial Politics in West Germany. A Study of the Federal Constitutional Court, Berverly Hills – London.
Kranenpohl, Uwe (2013), Ist Karlsruhe 'Europa' ausgeliefert? Die Gestaltungsmacht des Bundesverfassungsgerichts und die europäischen Gerichtsbarkeiten, in: Zeitschrift für Politik 60, S. 90–103.
Kranenpohl, Uwe (2010), Hinter dem Schleier des Beratungsgeheimnisses. Der Willensbildungs- und Entscheidungsprozess des Bundesverfassungsgerichts, Wiesbaden.
Lamprecht, Rolf (1995), Verfassungsrichterwahlen am Rande der Legalität, in: Neue Juristische Wochenschrift, S. 2531–2533.
Laufer, Heinz (1968): Verfassungsgerichtsbarkeit und politischer Prozess. Studien zum Bundesverfassungsgericht für die Bundesrepublik Deutschland, Tübingen.
Lepsius, Oliver (2011), Die maßstabsetzende Gewalt, in: Das entgrenzte Gericht. Eine kritische Bilanz nach sechzig Jahren Bundesverfassungsgericht, Berlin, S. 159–279.
Leibholz, Gerhard (1957), Der Status des Bundesverfassungsgerichts: Eine Materialsammlung mit einer Einleitung, in: Jahrbuch des öffentlichen Rechts der Gegenwart 6, S. 109–221.
Lembcke, Oliver W. (2007), Hüter der Verfassung, Tübingen.
Leuchtenberg, William E. (1995), The *Supreme Court* Reborn: The Constitutional Revolution in the Age of Roosevelt, New York.
Lhotta, Roland (2011), Europäische Mehrebenengovernance und das Bundesverfassungsgericht, in: von Arnauld, Andreas/Hufeld, Ulrich (Hrsg.), Systematischer Kommentar zu den *Lissabon*-Begleitgesetzen, Baden-Baden, S. 93–115.
Lhotta, Roland/Ketelhut, Jörn et al. (2012) (Hrsg.), Das *Lissabon*-Urteil: Staat, Demokratie und europäische Integration im „verfassten politischen Primärraum", Wiesbaden.
Lhotta, Roland/Ketelhut, Jörn et al. (2006), Der EuGH als judizieller Manager von Ordnungs- und Leitideen: Eine neoinstitutionalistische Analyse am Beispiel der ‚dominant ideology of motherhood', in: Becker, Michael/Zimmerling, Ruth (Hrsg.): Politik und Recht. PVS-Sonderheft 36, Wiesbaden, S. 397–415.

Lietzmann, Hans J. (2006), Kontingenz und Geheimnis. Die Veröffentlichung von Sondervoten beim Bundesverfassungsgericht, in: van Ooyen, Robert/ Möllers, Martin H.W. (Hrsg.), Das Bundesverfassungsgericht im politischen System, Wiesbaden, S. 269–282.

Lietzmann, Hans J. (1988), Das Bundesverfassungsgericht. Eine sozialwissenschaftliche Studie über Wertordnung, Dissenting Votes und funktionale Genese, 1988.

Limbach, Jutta (1999), Das Bundesverfassungsgericht und das Sondervotum, in: Journal für Rechtspolitk, S. 10–12.

Löwer, Wolfgang (2005), Zuständigkeiten und Verfahren des Bundesverfassungsgerichts, in: Handbuch des Staatsrechts der Bundesrepublik Deutschland, Band III, herausgegeben von Josef Isensee und Paul Kirchhof, S. 1285–1526.

Mann, Dennis (2012), ‚We, the People' vs. ‚We, the Peoples' – the Debate over the Nature of the Union in the USA and Canada and its Lessons for European Integration, Florenz: Europäisches Hochschulinstitut (Dissertation).

Mattli, Walter/Stone Sweet, Alec (2012), Regional Integration and the Evolution of the European Polity: On the Fiftieth Anniversary of the JCMS, in: Journal of Common Market Studies 50, S. 1–17.

Mayer, Franz C. (2011), Verfassungswandel durch Annäherung? Der Europäische Gerichtshof, das Bundesverfassungsgericht und das Grundgesetz, in: Hönnige, Christoph et al. (Hrsg.): Verfassungswandel im Mehrebenensystem, Wiesbaden, S. 272–296.

Menzel, Jörg (2000), Einleitung, in: ders. (Hrsg.),Verfassungsrechtsprechung, Tübingen, S. 1–41.

Möllers, Christoph (2009), Was im Parlament ist, entscheiden die Richter, in: FAZ vom 16. Juli, S. 27.

Müller, Reinhard (2013), Ehegattensplitting auch für „Homo-Ehen". Ein revolutionärer Akt, in: Frankfurter Allgemeine Zeitung vom 06. Juni (abrufbar: http://www.faz.net/aktuell/politik/inland/ehegattensplitting-auch-fuer-homo-ehen-ein-revolutionaerer-akt-12212002.html, letzter Zugriff 17.09.2013).

Murkens, Jo Eric (2009), Identity Trumps Integration, in: Der Staat 48, S. 517–534.

Niclauß, Karlheinz (2006), Der Parlamentarische Rat und das Bundesverfassungsgericht, in: von Ooyen, Robert Chr./Möllers, Martin H.W. (Hrsg.), Das Bundesverfassungsgericht im politischen System, Wiesbaden, S. 117–128.

O.N. (1978), „Dat ham wir uns so nich vorjestellt", in: Der Spiegel (abrufbar unter: http://www.spiegel.de/spiegel/print/d-40606284.html).

Patzelt, Werner J. (1998), Ein latenter Verfassungskonflikt? Die Deutschen und ihr parlamentarisches Regierungssystem, in: PVS, 39. Jg. (1998), S. 725–757.

Pestalozza, Christian (1982), Verfassungsprozessrecht, 2. Auflage, München.

Posner, Richard A. (1988), Law and Literature: a Misunderstood Relation, Harvard.

Prantl, Heribert (2009), Europäische Sternstunde, in: Süddeutsche Zeitung vom 1. Juli, S. 4.

Primus, Richard A. (1998), Canon, Anti-Canon and Judicial Dissent, in: Duke Law Journal 48, S. 243–303.

Riklin, Alois (2006), Machtteilung. Geschichte der Mischverfassung, Darmstadt.

Robbers, Gerhard (1999), Die historische Entwicklung der Verfassungsgerichtsbarkeit, in: Juristische Schulung 56, S. 257–261.

Roellecke, Gerd (2005), Aufgabe und Stellung des Bundesverfassungsgerichts in der Gerichtsbarkeit, in: Handbuch des Staatsrechts der Bundesrepublik Deutschland, Band III, herausgegeben von Josef Isensee und Paul Kirchhof, Heidelberg, S. 1221–1232.

Roellecke, Gerd (2001), Zum Problem einer Reform der Verfassungsgerichtsbarkeit, in: Juristenzeitung, S. 114–119.

Roellecke, Gerd (1961), Politik und Verfassungsgerichtsbarkeit. Über immanente Grenzen der richterlichen Gewalt des Bundesverfassungsgerichts, Heidelberg.

Rühmann, Florian (2012), Das Bundesverfassungsgericht als kaltgestellter Vetospieler? Möglichkeiten und Grenzen richterlicher Normenkontrollen unter den Bedingungen einer Großen Koalition, unveröffentlichte Magisterarbeit, Bonn.

Rüthers, Bernd (2013), Wer herrscht über das Grundgesetz?, in: Frankfurter Allgemeine Zeitung vom 18. November, S. 7.

Säcker, Horst (2003), Das Bundesverfassungsgericht, Bonn.

Schiffers, Reinhard (1984), Einleitung, in: Grundlegung der Verfassungsgerichtsbarkeit. Das Gesetz über das Bundesverfassungsgericht vom 12. März 1951, bearbeitet von Reinhard Schiffers, Düsseldorf, S. VII–LIII.

Schlaich, Klaus/Korioth, Stefan (2012), Das Bundesverfassungsgericht. Stellung, Verfahren, Entscheidungen, 9. Auflage, München.

Schmidt, Manfred G. (2011), Das politische System Deutschlands. Institutionen, Willensbildung und Politikfelder, Bonn.

Schmitt, Carl (1931), Der Hüter der Verfassung, Tübingen.

Schmitt, Carl (1928), Verfassungslehre, München und Leipzig.

Schmitt, Carl (1922), Politische Theologie. Vier Kapitel zur Lehre von der Souveränität, Berlin.

Schneider, Hans-Peter (1987), Richter oder Schlichter? Das Bundesverfassungsgericht als Integrationsfaktor, in: Festschrift für Wolfgang Zeidler, Berlin-New York, S. 293–313.

Schönberger, Christoph (2011), Anmerkungen zu Karlsruhe, in: Das entgrenzte Gericht. Eine kritische Bilanz nach sechzig Jahren Bundesverfassungsgericht, Berlin, S. 9–76.

Shapiro, Martin (1995), The United States, in: Tate, C. Neal/Vallinder, Torbjörn (Hrsg.), The Global expansion of Judicial Power, New York, S. 43–66.
Shapiro, Martin (1980), Courts: A Comparative and Political Analysis, Chicago.
Simon, Helmut (1994), Verfassungsgerichtsbarkeit, in: Benda, Ernst/Maihofer, Werner/Vogel, Hans-Jochen (Hrsg.): Handbuch des Verfassungsrechts der Bundesrpublik Deutschland, 2. Auflage, Berlin/New York, S. 1637–1680.
Steffani, Winfried (1973), Parlamentarische Demokratie. Zur Problematik von Effizienz, Transparenz und Partizipation, in: ders. (Hrsg.), Parlamentarismus ohne Transparenz, Opladen, S. 17–47.
Steffani, Winfried (1968), Verfassungsgerichtsbarkeit und demokratischer Entscheidungsprozess, in: Aus Politik und Zeitgeschichte 21, S. 3–14.
Stern, Klaus (1989), Gedanken zum Wahlverfahren, in: Gedächtnisschrift Wilhelm Karl Geck, Köln et al., S. 885–900.
Stern, Klaus (1984), Grundideen europäisch-amerikanischer Verfassungsstaatlichkeit. Festvortrag gehalten aus Anlass des 125-jährigen Bestehens der Juristischen Gesellschaft zu Berlin am 12. Mai 1984, Schriftenreihe der Juristischen Gesellschaft zu Berlin, Heft 91, Berlin/New York 1984.
Stern, Klaus (1980), Verfassungsgerichtsbarkeit im sozialen Rechtsstaat, Hannover.
Sternberger, Dolf (1990): Verfassungspatriotismus, in: ders., Schriften, Bd. X: Verfassungspatriotismus, Frankfurt am Main.
Stolleis, Michael (1999), Geschichte des öffentlichen Rechts in Deutschland, Band 3: Staats- und Verwaltungsrechtswissenschaft in Republik und Diktatur 1914–1945, München.
Stolleis, Michael (1988), Geschichte des öffentlichen Rechts in Deutschland, Band 1: Reichspublizistik und Policeywissenschaft 1600–1800, München.
Stone Sweet, Alec (2004), The Judicial Construction of Europe, Oxford.
Stourzh, Gerhard (1989), Vom Widerstandsrecht zur Verfassungsgerichtsbarkeit: Zum Problem der Verfassungswidrigkeit im 18. Jahrhundert, in: ders.: Wege zur Grundrechtsdemokratie. Studien zur Begriffs- und Institutionengeschichte des liberalen Verfassungsstaates, Wien – Köln 1989, S. 55–82.
Stüwe, Klaus (2004), Konflikt und Konsens im Bundesrat. Eine Bilanz (1949–2004), in: Aus Politik und Zeitgeschichte 54, S. 25–32.
The *Federalist Papers* (2003), Alexander Hamilton, James Madison, John Jay, mit einer Einführung versehen von Charles R. Kesler, New York.
Tsebelis, George (2002), Veto Players. How Political Institutions Work, Princeton.
Vieira, Norman S./Gross, Leonard (1998), *Supreme Court* Appointments: Judge Bork and the Politization of Senate Confirmations, Carbondale/Edwardsville.
Vorländer, Hans/Brodocz, André (2006), Das Vertrauen in das Bundesverfassungsgericht. Ergebnisse einer repräsentativen Bevölkerungsumfrage, in:

dies. (Hrsg.), Die Deutungsmacht der Verfassungsgerichtsbarkeit, Wiesbaden, S. 259–295.

Voßkuhle, Andreas (2009), Zukunftsoffenheit und Vielfaltsicherung – Die Pflege des verfassungsrechtlichen ‚Quellcodes' durch das BVerfG, in: Juristenzeitung 64, S. 917–921.

Wahl, Rainer (2009), Die Schwebelage im Verhältnis von Europäischer Union und Mitgliedstaaten. Zum *Lissabon*-Urteil des Bundesverfassungsgerichts, in: Der Staat 48, S. 587–614.

Wahl, Rainer (2005), Lüth und die Folgen: Ein Urteil als Weichenstellung für die Rechtsentwicklung, in: Das Lüth-Urteil in (rechts-)historischer Sicht. Die Konflikte um Veit Harlan und die Grundrechtsjudikatur des Bundesverfassungsgerichts, herausgegeben von Thomas Henne und Arne Riedlinger, Berlin, S. 371–397.

Walker, Jim (1997), Race Rights and the Law in the *Supreme Court* of Canada, Waterloo/Ontario.

Wieland, Joachim (2000), Art. 94: Zusammensetzung des Bundesverfassungsgerichts, in: Dreier, Horst (Hrsg.), Kommentar zum Grundgesetz, Bd. 3, Tübingen, S. 439–449.

Winkler, Heinrich August (2005): Der lange Weg nach Westen, Band 2. Deutsche Geschichte 1933–1990, Bonn.